JN222681

そして
奇妙な読書だけが
残った

大槻ケンヂ
KENJI OHTSUKI

本の雑誌社

そして奇妙な読書だけが残った

目次

そして奇妙な読書だけが残った

まえがき

本を開いてくれてありがとう。大槻ケンヂ・オーケンです。開いてくれたばかりでなんなんですが、まえがき、って、皆さん読みますか？　僕はたいがい「まえがき」とか「はじめに」とか読まない。飛ばして本文を読み始めてしまう。それで読み終えてからまえがきやはじめにを読むか、それより先に解説やあとがきを読んでしまうかも。別にまえがきやはじめにを嫌っているとか憎んでいるわけではないんです。読書の仕方って実は人それぞれ異なるものでしょう？　くせというか、ルーティーンなのか、僕の場合はまず本文から読んでしまうかなぁ、というだけの話。で、本書は、そんなまえがきをスッ飛ばして本文から読む僕が読書について書いたエッセイです。最近読んだ本とか昔読んだ本とか、その本にまつわる（まつわらない場合もけっこうあります）エピソードをツラツラとつづった一冊です。いつものように軽い調子で書いているので、読者の皆様が読んだことのない本についてのエッセイであっても、意外にサクサク読めて時にクスッと笑っていただけるかもしれません。また「へぇ、この本それじゃ読んでみようかな」と思っていただけるかもわかりませんし「でもこの本今どの本屋でも売ってないよ、どう読めってんだよ」と困惑することもきっとあるでしょう。それも含めて読書だということで一つよろしくお願いいたします。

本書は月刊「本の雑誌」に連載されたものを集め、加筆、修正したものです。2021年6月号から2024年8月号までの連載でした。ちょうどコロナ禍を挟んだ時期の連載でしたね。さらにウェブで取材を受けた僕の読書史についてのインタビュー記事と、図書カード3万円でお買い物する企画の原稿を加えました。そして「おまけ」として、ずい分前にイベンター会社HOT STUFFのHPで連載していたコラムの、未単行本化原稿を数編、本当に〝おまけ〟という感じで付けておきました。

僕の本の中でも「本」「読書」というところに特化した、ちょっと異質でマニアックなエッセイ集です。よろしければお気軽な気持ちで読んでみて下さい。まえがきをスッ飛ばす派の方は、どうぞ今すぐ本文へ。

装幀　クラフト・エヴィング商會
［吉田浩美・吉田篤弘］
装画、扉イラスト　沢野ひとし

そして奇妙な読書だけが残った

リアル犬神明は「狼男だよ」と言ったか？（前編）

高野秀行さんの自伝的小説『ワセダ三畳青春記』は、高野さんの在籍していた早稲田大学探検部が89年、山形のみみずく山にＵＦＯ基地を探しに行くエピソードから始まる。

もちろんＵＦＯ基地は発見できず、土地の猟師から「オレは見だごどねえげどな。オレの友だちが見つけでな、鉄砲で撃っただ！」との衝撃のＵＦＯ談を得るにとどまるのだが、そもそもなぜ山形に探しに行ったのかと言えば、高野さんが雑誌「ムー」でみみずく山の奇妙なＵＦＯ話を知ったことも一因であったらしい。

その記事はある日ムー編集部に「この話を載せてほしい」と売り込みに来た男の話を元にしていて、その男は他にも、自分は平井和正の小説にある「幻魔」もよく見ると述べたという。

「ん？　平井和正？　幻魔大戦、あ、その男って〝リアル犬神明〟じゃないのか？」

と僕は『ワセダ三畳青春記』を読んでいて驚いたものだ。

リアル犬神明とは、平井和正の小説、アダルト・ウルフガイシリーズの主人公・犬神明について〝これは自分のことではないのか？〟と言って名乗り出た男の、一部での通称である。

「ＳＦアドベンチャー」誌86年8月号に「夢か幻か！ウルフガイ特別対談」としてこのリアル犬神明氏と平井和正先生との対談が掲載されている。どうかしている。

司会は作家の南山宏。南山さんは平井和正に彼を紹介した内の一人であるようだ。リアル犬神明は当時47歳。だが「若く見えるので、今は二十五歳で通している」とのこと。女友達に〝これアナタのことにそっくりじゃない〟と言われて『ウルフガイ 不死の血脈』を渡されるまでは平井和正のことをリアル氏は「全然知らなかった」とのこと（でも『８マン（エイト）』は知っていたそうな）。

本を読んでみて、犬神明が自分と「やったことが似ているということでびっくり」した、とある。

アダルト・ウルフガイシリーズの主人公・犬神明は満月の夜になると不死身の体となる狼男のルポライター、いつもやっかいごとにまき込まれ、壮絶な展開となる。

例えばシリーズ一作目『狼男だよ』では、残忍なリンチに耐えた後、極悪富裕層のアジトを狼と共に襲って見事殲滅。さらに、再び非情なリンチを受けながらも闇の細菌秘密工場を火炎放射器で壊滅させている。

そういう小説の主人公に「似ているということでびっくり」とは、こっちがびっくりである。

リアル氏も小説犬神明同様にルポを仕事にしているというが「仮名を用いて『タイム』誌にて記事を載せたこともある。英語はさほど得意ではないが。」などと、どうなんでありましょう？

そして彼がルポのために訪れた山形県での奇妙な体験が『ワセダ三畳～』の冒頭につながり、またリアル犬神明の発見のきっかけの一つとなったのだ。

リアル氏はそこで謎の洞窟を発見、謎の銀色の機体も目撃した後「雨にずぶ濡れになって旅館に飛び込んだ」。旅館の経営者は奇遇にもＵＦＯ研究団体山形支部の会員であった。それで会員と知り合いの南山宏さんにリアル犬神明の話が伝わり、「平井和正VS犬神明」がＳＦ誌に設けられたというわけだ。

「しかし平井先生もよくそんな人と対談するなぁ」と思う人も多いだろう。僕も年に一度は「あなたのあの歌詞は私の事を歌っています」なんて手紙をいただくし、「世界の終わりがもうすぐ来る、それを知っているのはアナタだ」なんてことを言う方の突然の訪問を受けたこともある。いちいち付き合っていたら身が持たない。ちなみに世界の終わりが来るのに気付いているのは僕とデーモン閣下と天知茂だとの突然訪問者いわく。どういう人選？　あ、デーモンさんは悪魔か人じゃないんだ……そんなことはともかく、「ＳＦアドベンチャー」対談を読み直してみると、自分でも神がかりの作家と言っていた平井先生のリアル犬神明受け入れの、実にムー味のある考え方が面白い。「私がウルフガイと呼んだ、犬神から人間界へ出た存在は彼だけではない。ほかに何人かいる。彼に言わせれば七人いる。そういうものを呼び集めることが、いま必要になってきた。」あと七人リアル犬神明が必要だからまず一人目来ター！ということだ。「南山　『ウルフガイ八犬伝ですね』　平井　『「真八犬伝」です』」シレッとおっしゃっていてなかなか付いて行くのが大変なんですが、平井さんと南山さんが精神分析医ロバート・リンドナーの著作について語り合っているところも興味深い。

「理由なき反抗」の原作者であるリンドナーの医院に、スーパーヒーローになり切った男が送られてくる。そのリアル・スーパーヒーロー氏の書き記すSF的物語があまりに膨大かつ詳細であったため、リンドナーが「彼が嘘を言っているとは思えなくなってしまう」という話で、僕は未読だが『宇宙を駆ける男』という作品らしい。

あるいは、平井&南山コンビで、日本版『宇宙を駆ける男』をリアル犬神明でやってみよう、というような編集プランニングがあったのかもわからない……なんて言うのは、うがった読み方であろうか。

一方、リアル犬神明氏の方は、メディアに登場した理由として「もし平井さんに逢えたら、自分に関して、どこでそういう情報を得たか、それだけを知りたい。そしてこの先、自分に関してどんな情報を握っているのか知りたい」「もし、この先がわかったら、その道へ進まなくても済むという頭がある」と少し痛切でもある。それに対し平井先生は、要約するなら、〝神がかり作家だから〟〝自分には先はわからない〟とのことで、にべも無い。

あれから35年、リアル氏はお元気なら82歳。60歳で通しておられるかわからないが、ネット検索では僕は近況を知ることができなかった。

ＡＳＩＯＳ著『謎解き超常現象Ⅲ』に、山形ＵＦＯ事件の懐疑的考察がとても詳しくあって、リアル犬神明の本名が載っている。塩野智康という名で、「塩野氏にも取材を試みたが、連絡先がわからなかった。」とのこと。

この原稿を書く直前、偶然にも「ムー」の取材を受けた。リアル犬神明の件を話すと、親切にも取材後に山形ＵＦＯ事件について載ったバックナンバーのコピーをいくつか送って下さった。しかし、なぜか、リアル犬神明こと塩野智康さんの体験談を掲載した号だけが、どうしても見つからなかったそうだ。

リアル犬神明は「狼男だよ」と言ったか？（後編）

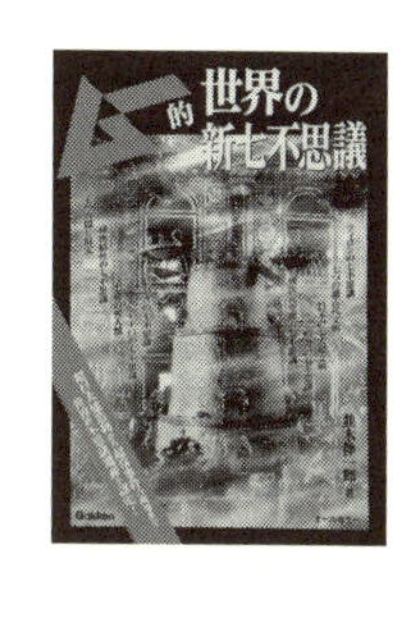

リアル犬神明の話をもうちょっと。

平井和正のＳＦヴァイオレンス小説「アダルト・ウルフガイ」シリーズの主人公犬神明を〝自分のことではないのか？〟と名乗り出た人物。平井先生にも特に否定されなかった上、VS原作者対談まで組まれた謎の男・通称リアル犬神明こと塩野智康。彼の不思議体験が以前「ムー」に掲載された事があるが、なぜかムー書庫からその号が忽然と消えてしまった、と前回書いた。

ところがその直後にムー誌編集の方から「見つかりましたよ」と連絡が入ったのだ。86年1月号。親切にも記事コピーを送って下さった。まったくこの世で信用できるのはムーなり！である。ありがとうございます。

で、その記事は、自称ルポライターの塩野さんが85年、山形県みみずく山の謎の洞窟を単身捜索した体験談だ。塩野さんではなくムー編集部がまとめている。

塩野さんは洞窟内で大日本帝国時代のロケット機を目撃。また、緑色のガスに追われたりもしたのだそうだ。

「超常現象の懐疑的調査のための会」であるＡＳＩＯＳ著『謎解き超常現象Ⅲ』ではこの塩野体験は否定的に捉えられている。その理由の一つはこうだ。「犬神明と同じような体験をしていると主張している時点で、この人物の証言の信憑性は地に落ちるだろう」そ、それを言っちゃ～おしまいよ。と、思ったものだ。

並木伸一郎著『ムー的世界の新七不思議』には、塩野さんの全身写真が載っている。平井和正原作での犬神明は、若い頃のジャン＝ポール・ベルモンドのようなスラリとした体型に描写されている。それを知っていると「……リアルの方はちょっとふっくらしてんな～」という違和感を禁じえない。

～リアル犬神明ふっくら問題～は当時の関係者も整合性を保つのに困ったようだ。VS原作者対談では平井和正から本人に対し「この体重をなんとかしなければ困るんだね。それははっきり言われているんですよね」なんて小言まで出ている。今ならこれハラスメントですかね。原作者パワハラ？

ただ、あやしくても体型が違ってもリアル犬神明には独特の魅力があったようだ。

86年11月に箱根小涌園で開催され、平井和正読者約２５０名が集まったという「ウルフ会全国大会」に登場した彼は大人気で「最終日、大勢の参加者がリアル氏にサインや写真をお願いしようと並んでいました」と、「夏が好き」さんという方のX（旧Twitter）に記されている。「夏が好き」さんがリアル氏からもらった孔雀明王のイラスト付きサインの写真もアップされている。

確かにそこには「犬神明」とペン文字で書いてある。しかしリアル犬神明について、「本気で信じていたのは、平井和正先生だけだったのではないかな」と「夏が好き」さんは当時を振り返って書いてもいる。そしてまた、こうつぶやいているのだ。

「リアル犬神明について、21世紀になっても考察している大槻ケンヂ氏は奇特なお方だと思う。」

大槻ケンヂ氏の奇特、には実は一つ、理由があるのだ。

僕は高校時代、平井和正先生の御子息と同級生であった。

同じクラスの平井君は、とても頭が良くておだやかな好男子であった。アニメが好きで、休み時間は数人のアニメ好きグループで談笑していた。僕はアニメに詳しくなかったので、彼と話す機会はなかった。ところがある日、何のきっかけか忘れたが、彼があの平井和正の息子であると知ったのだ。「えっ」と驚いてころがるように平井君の席へ走っていって「平井君、オレ君のお父さんの大ファンだよ、君のお父さんの小説たくさん読んでるよ」とそれは力強く訴えた。「え、本当、うれしいよ大槻君」という反応を想像していたが、違った。平井君はちょっと顔を引きつらせ、無言で、うつむいた。ガッシャーンと心のシャッターを降ろす音が聞こえたようだった。

平井君の拒絶。今ならよ〜くわかるのだ。思春期の多感な少年にしてみれば、自分の親父のファンだなんてことを同級生に言われて素直にうれしいはずなど無いだろう。反抗期であったかもしれないし「オヤジのファン？　だからどうしろっていうんだ、俺には関係ないよ」と、むしろイラついたのだと思う。アレは、僕のアプローチの仕方が失敗であった。悪かった。

平井君との友好関係成立のミスは、当時の僕には痛手と言えた。というのは、高校時代の僕は、学校外では、後のケラリーノ・サンドロヴィッチであるケラ先輩を始めとするサブカル友達に恵まれてワイワイやっていたが、高校ではなかなかそういった友達を作ることが出来なくて、毎日一人教室の隅で悶々と文庫本……それこそ平井和正とか……を読んでいるような根暗少年であったのだ。教室に居場所が無かった。クラスヒエラルキーのどこにも属せずわびしい想いを抱えていた時、休み時間にアニメの話で盛り上がっているグループを見つけた。平井君のいるコミュニティーだ。「あそこなら、あるいは受け入れてもらえるのではないか？」一縷の望みといってはオーバーだけれど、教室内居住地を求めての、アニメグループ入りは当時のひそかな望みではあった。それが、不用意に過ぎる〝君のオヤジのファンだよ宣言〟によってもろくも一瞬にして崩壊してしまったわけだ。痛恨のミスと悔んだ。もし、もう少しソフトにコンタクトを試みていたなら、無事アニメグループに所属、その後の高校時代はまったく違うものになっていたのではないか、なんて夢想する。そうしたら青春期に、憧れの平井和正先生ともお近づきになれたかもしれない。そして86年11月の箱根小涌園で、リアル犬神明さんから孔雀明王イラスト付きのサインをもらっていた可能性もあるのだ。

人には誰しも、あったかもしれない別の人生の夢想がある。塩野智康さんには、あったかもしれない(無いが)別の人生の夢想を見るために、犬神明という別名が必要だったのだろうか。『ムー的世界の新七不思議』の塩野さんの写真のキャプションには「現在は消息を絶っている」と、簡潔に記されている。

『ムー的世界の新七不思議』並木伸一郎/ワン・パブリッシング

ヴォネガットの話が始まらない
〜ギリギリマガジン編

「本の雑誌」21年7月号の誤植特集が面白かった。僕もいくらでも経験あります。オザケン・小沢健二さんと対談した時に「サンリオSF文庫」の話で盛り上がったんだけど、出来上がった雑誌開いたら「三流SF文庫」になってた。「これもしや誤植でなくて校正者の何かこじらせたSF読者的な主観が入ってるのかもしれんな」と思ったもんです。んなわきゃない……SFと言えば、最近カート・ヴォネガットの小説に夢中なのだ。特に『スローターハウス5』がいいね。

第二次大戦を描いた物語だが、戦争への皮肉よりも、主人公が空飛ぶ円盤にさらわれてコンタクティーとなる件が、宇宙人遭遇事件のハイストレンジネス（奇妙に過ぎる事例）のシミュレーションとして、オカルトファンの視点で読んだ時に完璧なのである。これは他のも読まなくちゃとあわてた。しかし現在ハヤカワ文庫では本作と『タイタンの妖女』など数冊しかヴォネガットの長編はラインアップされていない。

僕はネットが不得意なので、中野ブロードウェイに探しにいくことにした。

4階の古書店「まんだらけ海馬」で絶版となっている長編数冊をすぐに発見できた。「海馬」は昔「大予言」というオカルト本専門書店だった。太極拳の世界チャンピオンであるという御主人が個人で開いていた。経営がまんだらけグループに変わって店名も変更されたけれど、今もオカルト本を中心にマニアな本が揃っているのがうれしい。サンリオSF文庫もズラリと並んでいたしね。

まんだらけが入って以来、中野ブロードウェイは急速にサブカルの聖地へと発展していった。それに連れてニッチなジャンルを扱う書店がいくつか出来た。特に、3階にある「タコシェ」は、サブカルでアングラな書籍がノイズ音楽の自主制作CDなどと混じり合い、店内が熱気に満ちている。

先日「タコシェ」にはUFO同人誌「UFO手帖」最新号を探しにいった。結局「UFO手帖」はなかったけど、一冊の奇妙な中古雑誌を見つけたのだ。

それは書棚ではなく店頭に置かれた籠の中にあった。「ギリギリマガジン」という、わずか8ページしかないその雑誌は、だが縦42cm×横30cmもの大きさがあるのだ。

こんなの作っても書店に「入る棚ありません」とつっ返されるやつだ。価格は1019円。どういう経緯でタコシェにまわってきたのか。さすがのタコシェも籠にほうり込むしか無かったのだろう。

「2年半振りにリリース」と2ページ端にあるものの何号目なのかはどこにも書いていない。内容は主にファッションについての対談だ。不定期ファッションペーパーマガジンといったところだろうか。大槻ケンヂが若い女優さんと対談していたりもする。そうだ何年か前にお招きいただいたものだ。謎多き取材だったのでよく覚えている。

対談場所がSMホテルだった。

メイク用に使用した部屋には縄とか滑車とか何に使うのかさっぱりわからない木馬のような物などもあって壁はコンクリ打ちっ放しだった。「……なんでここで若い女優さんと対談なのだ」と思ったその時である。隣室から「ぎゃああああっ」という女性のものすごい悲鳴が聞こえたのだ。

それは、人間が殺される時にただ一度だけ発するかの狂熱のシャウトであった。「え、今殺されましたよね？」と思ったほどだ。だが、なんということか、その後、絶叫は90分くらい続いたのである。ぎゃああっ！ぎゃあああっ！んぎゃぎゃああああっ‼　お楽しみ、なのかもしれないし他人様の性癖にアレコレ言うもんでないのは理解しているつもりだ。でも90分あのテンションで叫び続けることがどれほどの体力気力が必要であるのかハードロックのボーカリストとして驚くばかりであった。問題そこ？　わからないが、さらに驚くべきは、絶叫の部屋の隣りの隣りの部屋で行われた対談時にも、ぎゃあああっ!!は2部屋乗り越えてずっと聞こえ続けたのである。

対談では拙著『ロッキン・ホース・バレリーナ』のヒロインをいつか演じてみたいんですと女優さんがおっしゃって下さった。

「七曲町子(ななまがりまちこ)ですね。ありがとうございます」

「2年位前にこの本を読んでいたのですが」

ぎゃあああああっっ!!

「何をきっかけに読んでくれたんですか?」

「文庫本です。多分、最初に大槻さんの名前をみつけて」

んぎゃぎゃぎゃあああああああっっ!!

話が入ってこないって、全然。

SMホテルで対談しているこっちの方が筋が違うってことなんだが。

約90分後、ようやく悲鳴は終わり対談も終わった。

メイク室へ戻ろうと対談部屋を出た時、廊下でロープを握ったナース姿の女の人とすれ違った。ロープの先には両手首を後手に縛られたピンクのネグリジェ姿の男の人が立っていた。頭に、ドンキで売ってるパーティーグッズみたいなチャチな金髪のかつらをかぶせられていた。

唇には真紅の口紅が塗ってあった。彼の顔には観念したような表情が浮かんでいた。悲鳴部屋の扉が少しだけ開いて、そこから、スキンヘッドに薄茶色のサングラスをかけ豹柄のバスローブを着た中年の大柄な男が「次」という感じでタバコをはさんだ指をクイッと曲げてみせた。「非情のライセンス」に出てくる悪のドンみたいだった。ナースとかつらの男が言われるまま無言で入っていった。それはもう梶原一騎の『カラテ地獄変牙』が実は全てノンフィクションであったと仮定して、それをうかつにも知ってしまった時のごとき衝撃のシーンとして僕の目には映った。何か、アレだ、この世には確実に闇があり、ふっと闇が吹きこぼれて現れる一瞬もある。そこにたまたま居合わせてしまったかの。くり返し他人様の性癖をとやかく言うものではないけれど、あれは性癖を超越した社会のダークサイドの入り口を垣間見てしまったなと今でもちょっとゾッとするのだ……ヴォネガットのことを書くつもりだったのに何の話を書いてんだオレは。まぁいいや。

「ギリギリマガジン」で対談した女優・忽那汐里さんはその後ハリウッド映画で活躍されている。彼女は遠き映画の都であの絶叫を思い出すことがあるだろうか。スキンヘッドの男は今誰に「次」と指を曲げているだろうか。そもそもあの金髪かつらの人は今、生きておられるのであろうか……。

「ギリギリマガジン」6号／髙山エリ

幻の小説『前田日明対力道山』はまだか

かつて僕は小説を数多く書いていた。

20代から30代にかけてだ。出来不出来は置いといて、長編7〜8冊、短編集3冊を世に送り出した。でも40代になって、パッタリと書くのをやめてしまった。

最初に小説を書いたきっかけは、90年代のはじめに角川書店が、ミュージシャンに文章を書かせようブームを仕掛け、それに僕も引っかかったのだ。

なんでも、企画で某有名ミュージシャンの原稿を載せたら雑誌売り上げが数倍になったとか。それで僕にまで声がかかったのである。と言っても、連絡をくれた編集者某さんの最初の言葉は「オーケン、オカルト好きでしょ、神がかりの人に会ってみたくない？」みたいな話だった。某さんの上司のとてもとても偉い方がすごい神通力の持ち主であるとのこと。

「この間会議中にさ、急に社長が床につっ伏したんだよ。みんなで『社長、大丈夫ですか⁉』ってあわてたら、社長が『し〜っ』て口に指当てて言うんだ『今、関東大震災を念力で止めている』って」

説明するまでもないだろう。角川春樹さんのことであった。

面白そうだと角川書店へ行くと、某さんは「ちょっとその件はまたね」その代り、といった調子で「ね、オーケン小説書かない?」とかる〜く言ったのだ。

「小説の案はこっちからも出すよ〜前田日明がタイムスリップして力道山と戦う〜なんてのはどう?」

なんてのは気乗りしなかったが、当時の僕は若くて何も考えちゃいなかったので「あ、ともかく小説を書けばいいんですね、いいスよ」と答えて帰りがけにスケッチブックを買って、根暗な高校生時代の思い出をSFチックな物語に置き換えた文章を書き上げた。

早速某さんに渡すと、彼は見た瞬間ハッ!という表情を浮かべて言ったものだ。

「オーケンこれ……一行一文字目の『僕』って字、違うよ」

〝僕〟と書いていたのだ。

一行一文字目から誤字という短編小説「新興宗教オモイデ教」は、だが掲載されると読者からそれなりの反響があった。

「オーケン評判いいよ、あれ2回目書いてよ」「え? 短編なんスけど」「書けば続くよ。よろしくね」思えば、若くて何も考えていなかった僕の無鉄砲と、「書けば続く」という彼のノリの軽い実に上手な励ましがそれからの10年を決めてしまったようにも思える。短編は長編となり本となって出版された。そこそこ売れた。すぐに某さんから次作の依頼があった。とりあえずまた短編でいいという。高校時代の悶々とした文化系の日々を「グミ・チョコレート・パイン」と題した短編にまとめた。読んだ某さんがまた言ったのだ。「これ最高、続き書いてよ」「だから短編ですよ」「書けば続くよ」とても有能な兄貴肌の頼れるやさしい編集者さんだった。長編「グミ・チョコレート・パイン」は想定外に長くなり三部作として完結するまで約10年かかった。書けば続く、のだ。

〝僕〟以外に、文章や内容に関して某さんからの注文や直しはほぼなかった。これは約10年間どこの出版社でも同じだった。

その理由は僕が〝タレント小説家〟として認識されていたからだと思う。純然たる専業作家と違って、他に仕事を持っているのだ。しかもそれは、たとえば教育者とかスーパーのバイトさんとは大きく違っていて、スポットライトを浴びながら「イエーッ」と叫べばすかさず「イエーッ」と反応が返ってくる一見キラびやかなバブル舞台だ。死にもの狂いで六千枚の長編を書き上げてさえ返ってくるのは編集者からの「おつかれさま」のメールが一通だけの〜それさえ返って来ない時もある〜地道な作業など「じゃ、やめます、他にもっと効率いいことあるんで」とタレント小説家が原稿ほっぽり出したなら誌面に穴が空いてしまう。彼らのヘソを曲げさせないために、あえてタレント小説家には、当時の編集サイドは何も言わなかったんじゃないかなぁ、と客観的に今思う。甘やかしてもらっていたな、と。

いや、思い出したぞ。本を出すに当たって、某さんから何度か注文されたことがあった。

「オーケン、○○さんへの謝辞入れてくれ」

「……○○さん？　謝辞を？　どなた？」

「○○さん、偉い方だよ。本のあとがきに必ず○○さんへのお礼を入れてくれよ」

「はぁ、僕その方よく知らないんですけど」

とにかく入れてくれと頼まれたので、何冊かの本に謝辞を入れたのだ。「な～んか出版界っていろいろあるんだなぁ、大人の事情なことが」と思っただけで、きっと陰ながら実際にお世話になっているのだろうからと嫌な気持ちは全くなかったし、その後、○○さんとの会食が設けられて、とても美味しい料理をごちそうになった。にこやかな雰囲気の方であった。会食で僕の本をほめて下さった。

「大槻さん、『グミ・チョコレート・パイン』面白かった」

「ありがとうございます」

「本当によかった。もしあえて言うなら……ほら、ヒロインが笑うと目が細くなって見えなくなると書いてましたよね、アレ、どうかなぁ、お～い某、あそこ、大槻さんに書き直してもらおうよ、な」

いやもう本はとっくに出版されているのである。今からどう直せというのだ。アレにはビックリした。

でもお料理も美味しくてお話も面白くて楽しい時間だった――○○さんよくしていただいてどうもありがとうございました。心から謝辞。

約10年小説を書いた。パッタリ止めた原因の一つは執筆による体調不良だ。小説を書いている期間、頭痛、不眠、腰痛、胃痛、あらゆる不定愁訴に悩まされた。中でも執筆中にデジャブが一時間に5～6回発生するのが一番つらかった。アレは僕のみの症状だったのだろうか？それで筋肉少女帯の再結成を機に小説執筆を止めてみたら、ア～ラ不思議、全ての症状が夢のように消えたのである。さらに言うなら頭髪がモサモサ濃くなった。もし読者に薄毛にお悩みの方があるならただちに小説執筆を止めることをお薦めします。小説を書いていなかったらあきらめて下さい。

……結局「無理しすぎたのかな」と思う。才能、気力、体力ともに一度尽きてしまったの感。やっぱり甘いですね。

でもいつかまたチャレンジしてみたい気もする。いつか書店に新刊小説『前田日明対力道山』を見かけたら「あ、オーケンまた小説書き始めたんだ」と思って下さいね。

読んでいた本が不意に遭遇談本に変わるのだ

僕は現在55歳。「本の雑誌」読者平均年齢に近いかも。ならば分かっていただけるであろう、あちこちガタが来始めている。特に老眼で本が読めない。先日も、死ぬまでに一度は挑戦と思っていた『黒死館殺人事件』読破をあきらめた。漢字が全然見えません。他にも年齢的になかなかキツくなってきたことが沢山ある。何よりロックがアラ還にはキツいぜ。体力も気力も……しかし、そんな時、年齢からしてこれチトつらいなと感じた瞬間、僕はある人物の名を心に思うことに決めている。

「いやいや、ジョージ・アダムスキーに較べたら、俺なんざまだ始まってもいねーよ」

ジョージ・アダムスキーは50年代に金星人や木星人に会ったとして、一時期は世界で最も有名であった自称宇宙人遭遇者（コンタクティー）だ。

「アダムスキー型円盤」というUFOの呼び方を覚えておられる方もいるだろう。あの名は彼から来ている。彼は宇宙人と初めて会見した時の様子を『空飛ぶ円盤実見記』として出版し、

一躍時の人となった。彼を信奉する団体も世界各地に作られた。『実見記』出版以前の彼は、宇宙哲学を語り売れないＳＦを書くちょっとヘンなおじさんだったらしいので、遭遇談本で人生一発逆転を決めた男、と言っていいだろう。

注目すべきは、彼が宇宙人による人生大どんでん返しのチャンスを得た時、つまり宇宙人に初めて会った時、アダムスキーがすでに61歳であった、ということだ。

61歳で〜私は宇宙人に会った〜と言って彼は生涯最大のサクセス・チャンスを摑み、人生を大逆転させたのだ。

彼が本当に宇宙人に会ったのかは別として、彼が遭遇談本を著す以前にほぼ同じ内容のＳＦ小説を書いていたことも置いといて、シンプルに「人間って歳じゃねーなー」と感心してしまう。『黒死館殺人事件』が読めなくなっても61歳まで後６年もあるのだ。まだまだだ。アダムスキーで言ったら「俺なんざまだ宇宙人にも会っていねー歳だよ」と自分を戒めているというわけだ。

他にもっと較べるべき偉人がいくらでもいるのでは？と思いつつ、老眼鏡をかけて今日も宇宙人遭遇者の本を読んでいる。

その中から一冊紹介したい。

中西俊夫著『プラスチックスの上昇と下降、そしてメロンの理力　中西俊夫自伝』だ。

もっともこの本は遭遇談本として読み始めたものではない。80年代を代表する日本のニューウエイブロックバンド・プラスチックスについて、メンバーであった中西俊夫さんがその誕生から終焉までを記したいわゆる〝バンド本〟だ。

プラスチックスはリズムボックスを使用したソリッドなパンクバンドだ。僕は彼らのアルバムを愛聴していたし、88年の再結成ライブにも駆け付けた。「ちょっとこんなカッコいいバンドは百年に一組」、というくらいにしびれるロックンロールを体感した。

『プラスチックスの上昇〜』が出版された時はもちろん即購入したものである。おそらく語り下ろしであろうこの本は、中西さんの、気のいいアンちゃん風な口調でもって、日本のみならず世界で活躍した彼らの当時の様子が知れて面白い。トーキング・ヘッズ、イギー・ポップといった有名アーティストも続々登場する。ロック・リスナーには堪らない内容だ。

ところが不意に、遭遇談が始まる。

デヴィッド・ボウイの焼酎のCMの裏話を語った次の章で、いきなり中西さんの宇宙人?謎の知性体との遭遇談が始まるのだ。

「89年ころ、下馬にあったクラブキングの裏のマンションに住んでた頃、夜中にバルコニーに光り輝くUFOが着陸し、2メートルくらいある、背の高いブロンドのスーパーモデルみたいな知性体が入ってきた。」

な、なんなんだやぶから棒に?

宇宙人?知性体は中西さんの脳内に直接語りかけてきたそうだ。それは「私はタオ」と名乗った。

「私はタオ。本当の名前はfeydouoydodipp@;][[@……だけど、発言できないだろうからタオと呼んでいい」

知性体タオの自己紹介の次の行に、中西さんはこう記している。

「それから小一時間説教された。/いわく『あなたは役目を忘れてる』なんたらかんたら、『このままだと地球は……』。まあ、ありがちな話。」

アダムスキーを古典とする遭遇談本の歴史があるなら、中西さんのこの短いまとめ方は斬新であると思うのだ。

~地球外生物と会って地球の危機についてアドバイスを受ける~という定型を、俯瞰して〝あるある話〟と捉えつつ、しかし、きちんと定型に落としこんでいるからだ。実にソリッドに。それはまるで、ロックンロールという定型の音楽スタイルを、メタで見て新たにパンクというジャンルに置き換えた、80年代ニューウエイブの手法を見るようだ。

タオとの遭遇からしばらく経って、中西さんはさらに衝撃的な出来事に、恵比寿の書店で出合う。「恵比寿の本屋でなにげなく買った」ミシェル・デマルケ著『超巨大「宇宙文明」の真相』

というフランス人コンタクティーの著した遭遇談本の中に「タオ」が出てきたからだ。

どうも同じ知性体タオであるらしい。

日本版が出たのは90年代、仏版が「確か87年」との中西さんの記憶。中西さんは仏語も読めない。だから、もしかしたらタオは、「87～89年あたりに色んな人の夢に侵入してたのかも知れない」と中西さんは短くまとめる。

ロックバンド本のつもりで読んでいたら不意に遭遇談本の側面に出会った。それこそ不意に空にＵＦＯを見てしまったかの、日常を数ページめくったらそこは異界だったかの、不思議な読書体験なのである。

『超巨大「宇宙文明」の真相』も読んでみたがやや冗長の感。遭遇談本史的に見るとオールドウエイブな印象を受けた。地球の危機だのなんたらかんたら、読んでいる間ずっと「説教された」ような気になった。まぁ、ありがちな話。

下馬タオ遭遇事件、について、いつか中西さんにお会いできたら直接話を伺ってみたいと思っていた。しかし、残念ながら17年に他界されている。享年61歳。とにかくプラスチックスは最強のロックバンドである。


『プラスチックスの上昇と下降、そしてメロンの理力　中西俊夫自伝』／Ｋ＆Ｂパブリッシャーズ

君だけが憶えている映画 僕だけが憶えている本

宣伝でゴメンなさい。僕のバンド・筋肉少女帯がニューアルバム「君だけが憶えている映画」を来月発売します。

思わせぶりなタイトルの意味は置いといて、取材で何回も聞かれるであろう質問が予想つくのだ。

「で、大槻さんには、自分だけが憶えている映画って、なんかありますか？」

ありますが！と即答出来る。

正確には「自分くらいしかこれ他に観た人あまりいないのでは？」なんだけど、長いこと「映画秘宝」誌の俳優対談等をやっていたので、沢山の邦画を観てきた。その多くが小規模の作品であった。実に、「この映画、激レアだよなぁ、僕以外観た方どれくらいいるのかな」と素直に思える世界が広がっていた。

例えば'80sアイドルの芳本美代子さん（みっちょん）が実は拳法の使い手で40代にして本格ア

クションに臨んだ「ＭＡＹＡＫＡＳＩ」とか、往年のロマンポルノ女優さんが勢揃いしてママさんバレーチームを組む「ママズアタック　熟母参上！」なんて映画、誰か観たことありますか？　ないでしょ？　そもそも存在すら知らなかったでしょ？　僕は観ているんですよ。どっちも傑作でしたよ〜……と、みっちょんさんやママズアタックでマウンティングを読者にしかけるのもアレですが……そういった隠れた名作・珍作を数多く観てきた僕の映画鑑賞史の上でも、どんなマニアに聞いても「知らない」と言われる幻の作品が一つあるのだ。

学生の頃に中野光座で観たピンク映画だ。

冒頭、一人の女が新宿の高層ビルを見上げている。そこへ背後から男が忍び寄り、言うのだ。

「高層ビルを見ると性的に興奮する女なんて、あなたくらいのものですよ」

そして二人は動物園に行く。なぜ？　そこでまた男は囁く。

「あなたの体に絵を描きたい」口を開けばやぶから棒な男である。しかし女は受け入れ、男は女の体に絵の具で極彩色の抽象画をボディーペインティングする。二人はやがて抱き合う。ドロドロに溶けた絵の具で境界を失った男女の裸体がバーンとスクリーンいっぱいに広がったところで何の余韻も残さずブツッ！　いきなり映画が終わったのだ。

タイトルを憶えていないのだが、なんだかわからない展開と衝撃のラストはトラウマ的に憶えている。ア然としていたら灯りの点いた光座に客は僕一人であった。

その後、誰に聞いても「そんな映画知らない」と言われる。エッセイ等で何度かこの幻の映画について触れたもののどこからも反応は無い。「本の雑誌」ではどうだろう。どなたか憶えている方いませんか？

「君だけが憶えている〜」のバリエーションとして、これが「本」だったらどうだろう。

たいがいの本はどんなにニッチでも探せばあるもんだが、だけれど部数の限られた自主製作本ならば「君だけが」とは言わずとも「僕ら数十人だけが憶えている本」という場合もあるだろう。

僕の小学校の友人にウラッコというアダ名のとても絵の上手い男子がいた。後に彼はデザイナーになり、筋肉少女帯のアルバム・ジャケットを何枚かデザインしてくれた。絵本作家でもある。「うらべかつや」名義で、「たかやまみつよ」との共著『おかしなせんそう』という絵本が自主製作出版されている。

何部刷ったのか知らないが、多くはないと思う。だから僕らだけが憶えている本、である。

でも、とてもいい本だ。

ぴーすけという少年を通して戦争のおろかさを描いている。沢山の人の目に触れる日が来て、みんなが憶えている本、になればいいなと感じる一冊だ。

小学校の頃のウラッコと僕はませガキであった。Hな自販機本を二人で買って、校舎の裏でコッソリ開いてオ〜ッ！とか盛り上がったものだ。そんなある日の放課後、ウラッコが背後から忍び寄り、言うのだ。

「ピンク・レディーのミーが脱いだぜ」

「うそ〜ッ⁉」

家に来い写真を見せてやるとまた言う。半信半疑で家へ行くと、彼は一冊の自販機本……今でもタイトルを憶えている……「ＢＯＤＹ」を僕に向けて開いた。

僕は「うっ」と息を呑んだ。そこには、どこのだれかもわからない裸の女の人の顔の部分に、ピンク・レディーのミーの顔写真を貼りつけた、元祖アイコラ、とでもいうべきものがドーンとあったからだ。

明らかにウラッコによる糊と鋏の工作であった。

どうしたものか？と困惑した。しかし、一瞬にして僕は、ウラッコが、僕を〝試そうとしている〟と勘づいたのだ。

僕とウラッコは自販機本を買って盛り上がるなどの他に、本やロックのことを語り合う、今でいうサブカル仲間でもあった。そして小学生ながらに、将来は何か表現、クリエイティブな事をしたいねと話し合う、幼きクリエイターの卵同士でもあった。そんな中で、彼なりに、自販機本とクリエイティブとの交差点を思い付いたのだろう。

「合成写真？　そんなことは承知の上さ。そこじゃない、どうだいオーケン、俺のアイデア？こんなこと北原小学校の誰が思い付く？　そこを、評価してみせろよ、おい」と、彼の目が訴えているように見えた。いや実際、そうだったのだと今でも思う。それで僕は、言った。

「うん、すごいね、ミーだ、これはミーの裸だ、ウラッコ、ミーは、脱いでたんだね」

ウラッコがニコッと笑った。僕だけが憶えている。

その後あの「ＢＯＤＹ」がどうなったか、思い出せない。ウラッコが他の友人に見せていなければ、あのミーさんの顔写真付きの「ＢＯＤＹ」は、僕らだけが憶えている本になるわけだ。でも、残念ながらウラッコこと占部克也さんは、08年に他界されている。『おかしなせんそう』は「占部克也に捧ぐ」として出版された追悼のための絵本だ。占部君、今ではあの「ＢＯＤＹ」は、僕だけが憶えている本になってしまったよ。


『おかしなせんそう』うらべかつや、たかやまみつよ

「SF本」サイエンスフィクションじゃない、ストリートファイトについての「本」

消え行くジャンル「SF本」の世界において、廣木道心著『護道の完成　自他を護る実戦武道』は一筋の光明となるのではないか。

ここで言うSF本とはサイエンスフィクションについての本のことではない。SFはSFでも、ストリートファイト、略してSF、路上の戦い、つまり喧嘩について記された本のことなのだ。僕が勝手に名付けたのだ「SF本」と。

そんな本がこの世にあるのかと言えば、沢山あるのだ。

ヤクザや裏稼業の方の若き日のヤンチャ話であるとか、武道、格闘家の修業時代の武勇伝であったりとか、SF本は探せばいくらでもある。

SFに特化したもので言えば、一時期に福昌堂から何冊か出ていたSF本はどれも面白かった。

職種を越えた多数の喧嘩名人たちがそれぞれの歴戦を語るのだ。中でも興味深かったのは、

彼らの内の何人かが「ジェリー藤尾が強かった」と証言していることだ。昭和の大ヒット曲「遠くへ行きたい」を歌ったジェリー藤尾さんである。

「ジェリーは強かった」「ジェリーはやばかった」ＳＦ本で知るジェリーＳＦ最強説である。

一度ジェリーさんと仕事で会う機会があった。不躾は承知の上で、どうしても気になって、「ジェリーさん、あの、ＳＦ本にお名前がよく……」と僕は話しかけたのだ。すると彼はニコ～ッと笑って「あ、それ僕じゃない、違うから」と言うなりス～ッとその場を去って行かれた。その笑顔、去る早さ。ＳＦ本は事実であるのだなと一瞬にして悟った。ジェリーさんあの時は失礼いたしました。

武道・格闘家のＳＦ本には、無数のＳＦを経験して、試合や道場では通用しない喧嘩必勝法を発明、発見、それを読者にレクチャーするというタイプのものもある。

空手家・林悦道著『誰でも勝てる!完全「ケンカ」マニュアル』はそんなハードＳＦ本の最高峰ではないのか。何しろ「林流ケンカ術完全マスター」ＤＶＤ付きの上、読者への「ケンカ力検定クイズ」までが書かれてあるのだ。ただ、土木現場で培われたという林流ケンカ術は、現場におけるスコップの武器使用法とか、上手なヘルメットの取り方とか、状況がややニッチに過ぎる部分があり、ＳＦ本というジャンルの奥深さを再認識もさせられるのであった。

近年、コンプライアンスの高まりにより、若き日のＳＦ話を「それは犯罪」「被害者がいる」

とバッシングする傾向があるように思う。実際、ＳＦ本に関しても、眉をひそめられても上等な、ヤクザや裏稼業のものはコンビニ本へ移行。武道、格闘家のものは、存在そのものが減少しているように感じる。当然と言えば当然の流れなのだろうが、古くからのＳＦ本ファンとしてはちょっとさみしいのもまた事実だ。

そこへ不意に最近登場したのが廣木道心著『護道の完成』である。

護道とは廣木さんが「お互いに傷つけない自他護身を目指して開発した新しい武道」であり「介護施設でのパニック対応に用いられている争わない武道」とのこと。

学校教育に取り入れてはどうかとの声も上がるなど、とても志の高い護身武道のようであるが、廣木さんがこの護道を完成させるまでには若き日の壮絶なＳＦ体験の連続があった。

この本の特に前半は数多くのＳＦのエピソードで埋めつくされている。廣木さんのヴァイオレンス描写はソリッドで迫力がある。またつねにメタの目線で自らの喧嘩を冷静に観察しているために、自慢話にはなっていない。そして毎回毎回、喧嘩の中から「この技は使える」「この場合はこうした方が相手を制御できる」などとＳＦの経験値を上げていくところもクールだ。さらにスキルアップの連続の果てに、このＳＦの技術を福祉の現場で活用することはできないか?と、思いもよらぬ方向に話がシフトチェンジしていく展開もＳＦ本としては何かニューウエイブなものを感じる上、福祉の技術を見出すためにどうしても必要だったＳＦ、という理由付けがあるならば、なるほどそれはコンプラ意識の高い近ごろの書店にも並べることのできるSF本になるよなぁ、と、感心したのである。

と、このようにSF本に目が無い僕であるが、では自らにSF体験があるのかと問われたなら、一休さんなみにからっきしである。

小学3年生の時に一度だけ、前回登場した同級生のウラッコと、ポカスカやり合ったことがあるだけだ。何が原因だか忘れたが、ポカスカやり合って、その後二人でフツーに遊んだから、ジェリーさんや廣木さんには鼻で笑われるレベルだ。ポカスカのことを国語の授業の時に「けんか」という題で詩にして提出した。

「けんか　　大槻賢二
きのううらべ君とけんかをした
ボクがポカリとなぐると
うらべ君はおどろいて
へのへのもへじのような顔をした」

というような詩だ。

何がツボに入ったのか、担任の野本先生がえらくホメてくれた。

「大槻、お前には文才がある」とまで言ってくれて、思えばあの小3のSFポエムこそが、後に僕をエッセイや小説執筆に向かわせたきっかけの一つであった。

この詩、文集に載ったような記憶もあるものの、今は持っていない。誰か「けんか」ＳＦポエムの載った北原小学校の文集持ってる方いたら連絡下さい。

『護道の完成』に話を戻そう。廣木道心さんは、武術、格闘技、そしてストリートファイトの体験から、福祉現場で活用のできる武道「護道」を完成させた。彼の武の探求はさらに向上し続け、達人の域に昇りつめている。現在では、自分の脳波を相手に移し、相手が自ら倒れるようにしむけることができるらしい「脳波移し」という究極の奥義を会得するに至ったのだそうだ。

僕のような者には何度読んでも理解が困難な限りなき流れの果ての発見で驚くばかりである。廣木さんがいるとその周りの人も脳波が同調することもあるそうで……Ｗｉ－Ｆｉみたいなものなのだろうか？

重ねて私ごときにはサッパリわかるわけもないが、ＳＦ（ストリートファイト）本を読んでいたら急にＳＦ（サイエンスフィクション）になったような、虚をつかれたかの面白さもある一冊であった。

『護道の完成』廣木道心／ＢＡＢジャパン

陰謀論はレプタリアンドラコニアンと思い出の書店

コロナ禍以降ロックのライブの景色は一変した。

それまで僕は自分の叫びと観客からの声援との相乗効果でコンサートを盛り上げてきた。コール&レスポンスだ。ところがコロナ禍でお客さんは発声禁止が義務づけられてしまったのだ。

「いえええっ、盛り上がってるかああい⁉」

「……ザザザ、ザザザー（さざ波のような拍手）」

……こりゃきつい。

歌謡ショーじゃないのだ。ロックのライブなのだ。さざ波返しは難しい。昨年行われたコロナ禍後初のライブでは、このコール&さざ波に正直、心が折れそうになった。どんだけMCで煽ったところで返ってくるのはザザザ、ザザザー、さざ波なのだ。

ロック感がない。相乗効果が生じない。盛り上げようがない。戸惑い、焦っている内にライブは終わってしまった。

まるで、自分はそこそこいけると思っていたプロレスラーが総合格闘技のリングに上がったら何も出来ずに秒殺されたかの心境であった。

深く落ち込み、でもすぐ翌月にはまたライブが予定されていた。コロナ禍発声禁止ライブにおけるMC時の盛り上げ方を真剣に考えた。悩み、そしてハタと思いついた。「そうだ、タモリさんだ」と。

「いえええっ、盛り上がってるかああい⁉　いやわかってる、声で返せないよな。だから、代わりに、拍手でコールにレスポンスしてくれよっ。いえええい！」

「ザザザザー！」

「いっ〜えええええい⁉」

「ザッ〜ザザザーッ！」

「ヘーイヘイヘーイヘーイ！ほいっ」

「ザーッザッザーザーッザーッ‼ポンッ」

懐しき「笑っていいとも！」におけるタモリさんの、お客さんの拍手をリズミカルな手拍子にまとめてその場を収めるという、コール＆クラップのスタイルをロックのライブに取り入れてみたわけだ。ありがたいことに観客は瞬時にしてこのタモリさん方式を理解して下さった。盛り上げてくれた。いいともである。

こうして即時対応でコロナ禍を乗り切るロック現場であるが、他にも問題山積みだ。たとえば誰もがCOVID－19の脅威を認めているわけでは無いという点だ。反ワクチン派、ノーマスク派もロック界にはいる。どこの世界にもいるのだろうが、反体制の概念をルーツとするロックの界隈はその割合が多い。世界の有り様を全く異なる視点で捉えていると知っている者同士が、コロナ禍以降は音楽を共有していくのだ。下手するとメンバーやリスナーまでもがお互いを「陰謀論者」だと思っているかもしれない新世界だ。

雨宮純著『あなたを陰謀論者にする言葉』は、無数に存在する陰謀論を懐疑派の視点で紹介する陰謀論ガイドブックだ。

スピリチュアル、マルチ商法などが入り混じる妖しの世界を上手に交通整理していてわかりやすい。デヴィッド・アイクの論ずる爬虫類型宇宙人の陰謀論についても書かれている。デヴィッド・アイクは著作『竜であり蛇であるわれらが神々』等で、爬虫類型宇宙人（レプタリアン、またはレプティリアン）が地球を支配していると論じた元プロ・サッカー選手だ。そんなわけないだろ、とフツーなら思うわけだが、彼の信奉者は世界中にわりと多い。

また、レプタリアンに対して別種類宇宙人（ドラコニアン）が闘いを仕掛けていると論じる人らもいる。こちらも信奉者は世界中に実在する。日本にもいる。

僕は以前、出演したテレビ番組でアイク説信奉の方を見たことがある。彼いわく、レプタリアンとドラコニアンが対決する場所が国内にあるのだそうで、それはズバリ「駒沢三丁目」だとのこと……ん？二丁目だったかな？　ま、ともかく駒沢に行く時は気を付けるべきであろう。

雨宮さんの本では、レプタリアン陰謀論と共にユダヤ陰謀論の著作を持つ人物として太田龍さんの名が挙げられている。

「太田龍は興味深い思想遍歴を辿った人物で、彼はもともと」とここまで雨宮本を読んだところで、「ん、これは？」と思い本棚をひっくり返した。あった。副島隆彦著『陰謀論とは何か権力者共同謀議のすべて』だ。

副島さんは『人類の月面着陸は無かったろう論』という著作もある〝陰謀論側〟の方であるが、『陰謀論とは何か』の中での太田龍さんについての記述が興味深かったのだ。

「東京の水道橋から日大（日本大学）の方に降りて行ったところに、ウニタ書房という老舗の書店がかつて在った。ここに日本共産党の権威に逆らって、早い時期から、新左翼運動を応援した名物経営者がいた。その書店に寄り集まった、きわめて敏感な感受性をもった一群の若者たちがいた。彼らは、『君、この本知っている？』『ポーランドやハンガリーで今、起きていることを知ってる？』と、語り合った」今で言うオタクのような若者たちであったという。それは、青春であったのだろうか。

「この者たちの中から、のちの日本の新左翼党派（ニューレフト）の指導者たちが生まれたのだ」「太田竜氏も、そこにいたのだ」と、ここで副島さんの筆致が不意に炎上する。

「私が知りたくて本人に確認したかったのは、その一点だ。ユダヤ陰謀論のような与太話など、どうでもいい」あら、与太話って言っちゃったヨ、と驚いていると、ウニタ書房の若者たちがその後の学生運動の内ゲバで何人も死んだ、自分はその時代の目撃者だ、「それが自分の同時代人への務めだ」それに対し太田龍「氏は１９８０年代からは、自分だけ勝手に、ユダヤ陰謀論の世界的な風潮を目ざとく手に入れて、いち早く日本でのユダヤ陰謀論の主唱者（プロウタゴニスト）となって転身した。氏のその変わり身の早さには、ひとりの日本知識人としての、思想の連続性の表明がない。自分の思想転向の経緯の説明がない」！と、熱く糾弾するのであった。

　これは、仲間が沢山死んだってのに、太田、お前だけうまいこと抜け駆けしやがって、俺たちのあのウニタ書房の青春をないがしろにすんのかオイ⁉という怒りなのだろうか。僕ごときには推測の域を出ないが、陰謀論が私的感情論にいきなり変化するこの部分は迫力あって何度も読み返してしまう。でも「陰謀論とは何か」その答えはまさに私的感情論、のことなのではないかな、とも思う。

『陰謀論とは何か』副島隆彦／幻冬舎新書

再考ラッシャー木村のこんばんは事件

「ラッシャー木村のこんばんは事件」を御存知か？

それは１９８１年田園コロシアムで勃発した。

所属プロレス団体が崩壊した〝金網の鬼〟ラッシャー木村が、〝燃える闘魂〟アントニオ猪木の試合会場に突如現れたのである。リング上で猪木は鬼の形相で木村を睨みつけた。木村がマイクを握った。どんな激しい言葉で宣戦布告する気なのか？　観客は固唾を呑んで木村の言葉を待った。「ぶっ殺すぞ」か「血の雨降るぞ」か、しかし木村は落ち着いた口調でこう言った。

「こんばんは」

言語学者の川添愛さんは、プロレスラーの迷言・名言などを言語学的に考察した著作『言語学バーリ・トゥード　ＡＩは「絶対に押すなよ」を理解できるか』の中で、この発言の直後、会場は一斉に「ズッコケた」とシンプルに表現している。

僕もテレビで観ていてズッコケた。張りつめた緊張の糸を一瞬でぶった切った「こんばん

は」発言、後に木村さんは「人に会う時はまず挨拶が大切だから」と述べているが、「こんばんは」という言葉の「通常」性がプロレスという「異常」性とあまりに乖離していた点が、事件と呼ばれる程にプロレスファンに記憶された原因ではなかったのかと『言語学バーリ・トゥード』を読んで改めて思った。

プロレスラーの迷言・名言は数限り無くある。

僕は昭和、平成中期のものまでしか知らないのだが、例えばスーパー・ストロング・マシーンこと平田淳嗣選手が94年、自ら覆面を脱ぐという驚きの行動の直後にマイクを持っての一言「こんなしょっぱい試合ですいません!」え、謝るの?しょっぱい?正直者なの? も印象深かったが、謝罪で言えば01年、王座を外国人選手に奪われてしまった佐々木健介選手が、タイトル戦を闘う予定だった藤田和之選手に言った「正直、すまんかった!」も本当にバカ正直で趣があった。

どうやら、異常性の世界の住人であるはずの人々から、通常性の言葉である挨拶や謝罪が不意に吹きこぼれる刹那の、ねじれた世界線の果てに見えるヒトの意識下の普遍性が興味深いのだ。

それで言えば02年新日本プロレスのリング上で行われた通称「猪木問答」における鈴木健三選手の発言は白眉たるものだ。

格闘技ブームなどで人気低迷していた新日のリングに、すでに引退していたアントニオ猪木が降臨し、現役レスラーたちに対し「おメエはどうしたいんだい⁉」とそれぞれに問答を仕掛けた。

その時、身の丈191㎝の元ラガーマン、鈴木健三がふりしぼるように猪木に言った。

「僕は自分の明るい未来が見えませーん！」

異常性も通常性もはるかにつき抜けた中学生男子のようなその彼氏の悩みに、全プロレスファンがズッコケたものである。猪木は彼氏に対し「見つけろ、テメーで」と、スルーした。

僕もテレビで観ていてズッコケたし、笑いもしたが、でも普遍性だ。「明るい未来が見えません」そんな時は、誰にでもあるものだ。

前回、コロナ禍によってロックのライブの光景がガラリと変わってしまった事について書いた。お客さんの発声が禁止となり、コール&レスポンスが出来なくなったのだ。そこで、声ではなく拍手で呼びかけに応えてもらい、コール&クラップで今はライブを盛り上げるようにしている。それはそれで一体感があっていい。しかし、最初に発声禁止ライブを行った時は、「イエ～ッ」と叫んでもザザザ～ッとさざ波状の拍手が返ってくるばかりの、ロックのライブにしてみれば異常性にショックを受け、どうにも出来なく、終演後、楽屋でひどく落ち込んでしまった。長く続くコロナ禍によるウツみたいのもあったと思うが、とにかく自分の不甲斐なさに、申し訳無い気持ちでいっぱいになった。謝りたいとさえ思った。しかし、今さらお客さんに詫びる事も出来ないし、メンバーやスタッフに突然謝り出すのも、終演直後の楽屋に通常性をネジ込むようで悪いよなと思った。「そうだ冗談めかして、ここはプロレス語を用いてみよう」メンバーの中にプロレス好きがいた。僕はソッと近づいて「しょっぱいライブですいません。正直、すまんかった」と言った。

するとと彼はへっ？という表情を浮かべて「いや、いや……」絶句してしまった。プロレス語がわかるだけに逆に「オーケンが本気でへこんでる。平田、健介なみに」と、わかってしまったのだ。「なおさらやっちまったな」と思ったその時であった、二人の問答を聞いていた他メンバーが、ダッと、ほとんどトップロープ越えのトペ・スイシーダみたいな勢いでスッ飛んで来て、言ったのだ。

「いや、俺らはまだこの新しいスタイルに慣れていないだけなんだ！　この新しいライブスタイルに合わせていけばそれでいいんだよ。気にするな」

彼はまったくプロレスに興味が無く、プロレス語も知らないのだが、「そうか、プロレス語で言うアレか」と僕は咄嗟に理解した。

〝リングの哲人〟ニック・ボックウィンクルに「相手がワルツを踊ればワルツを、ジルバを踊ればジルバを」合わせて踊るのが真のプロレスラーだ、という名言がある。つまり、いつ何時いかなるスタイルでも、合わせて闘ってみることが肝心だとの広義での人生の金言だ。そうか、それか。謝っている場合じゃない、まずは新時代のライブスタイルに今夜は「こんばんは」だったのだ。帰宅してエゴサしてみるとお客様はその夜のライブを楽しんでくれていたようであった。それならこちらも新しいスタイルに合わせなければ。明るい未来を見つけないと。見つけろ、テメーで。

鈴木健三選手はその後テレビ番組プロデューサー鈴木健三氏となり、先日彼の制作したアントニオ猪木のドキュメント番組がＮＨＫ　ＢＳプレミアムで放映された。鈴木健三は明るい未来をテメーで見つけたのだ。猪木さんの名言は無限にあるけれど、ここはやっぱりアレで。

「元気があればなんでもできる」

『言語学バーリ・トゥード　ＡＩは「絶対に押すなよ」を理解できるか』
川添愛／東京大学出版会

コロナ鬱はバ美肉の夢を見るか？

書店で発見した時「むうぐっ」と思わず妙な声を出してしまった。スタジオ・ハードデラックス編『バーチャルYouTuberはじめてみる』。もしかしたらこの一冊をきっかけに、自分の今後の人生が大きくチェンジするかもと思ったからだ。

昨年、月ノ美兎さんという女性の作詞依頼をいただいた。送られてきた彼女の資料はＣＤや紙資料などではなく、ＵＲＬだった。クリックすると、かわいらしい女子高生の姿がアニメ絵で映し出された。カクカクと少しだけ動く、それに合わせて女性の声がおしゃべりをしていた。コメント欄があり、数多の人々が彼女のトークに対して素早く反応している……ようなのだが、僕には全てがさっぱりわからなかった。そもそも誰が「月ノ美兎」なの？　この絵の女子学生のことか、それとも声を当てている声優（？）さんのことか？　あるいはこの不可思議なデジタル空間の宴そのものを月ノ美兎と呼んでいるのか？

何なのか？

「この女の子の絵と、女性の声とがセットで〝月ノ美兎〟というキャラ名なんです。彼女は〝バーチャルYouTuber〟なんですよ」パソコンを前にキョトンとしていた僕にスタッフが教へた。

バーチャルYouTuberって何？「2Dや3DのCGキャラクターと音声を組み合わせた動画をYouTubeに投稿する配信者の呼称。バーチャル（Virtual）を略して『VTuber』と呼ばれることもあります」と、『～はじめてみる』に説明がある。CGで自分のアバターを作り、声を当てて、それを介して画面上で視聴者と盛り上がるという、概要はなんとなくわかったが、一大ブームになっているというその面白さの肝が50代恥ずかしながらやっぱりわからなかった。

熱狂を共有できずに作詞をするのもどうなのかと思い、一度は断ろうと考えたが、いや待てよ、わからない、という文化との出会いってのはスゴいことじゃないのか。思い直した。だってわからないのだ。理解不能の存在がアクセスを求めてくれているのだ。ＳＦで言ったら１ｓｔコンタクトものだ。

よし、わからないなら「アナタという存在がわからない」と正直に詞に書こう。わからないと言えば何だろう？　それはＵＦＯと恋だろう。

高2という設定である月ノ美兎さんが校舎の窓からＵＦＯを目撃して恋に想いを馳せる「浮遊感ＵＦＯ」という詞を書いた。美兎さんの素敵な歌声がはまって名曲となった。異文化は交流すべきと思う。

そうして少しだけデジタル異文化が身近になったところで、「あ」と気が付いたのだ。

「あ、これ江戸川乱歩じゃないか？」

中でも「パノラマ島奇談」だ。

現実の自分とは全く異なる人物になりすまして、仮想空間でもう一つの人生と戯れる。「仮想空間」を「パノラマ島」に置き換えたなら、VTuberとは乱歩で言えば別人化願望、一名一名が人見廣介と菰田源三郎の入れ替わり、うつし世はゆめ、デジタルの夢こそまこと。

「なるほどそれ面白いかも、乱歩ならちょっとオレもやってみたいかもな。どんなキャラに変身しようか、『電人M』かな、『鉄人Q』かな」などと軽はずみに考え始めた矢先であった。僕は「バ美肉」というネット・ワードを知った。

「バ美肉」とは、〝バーチャル美少女受肉〟の略語だそうだ。

美少女のアバターを作り、その仮想の肉体を〝受肉〟し、声も機械で女子化して、本当はそんなんでは全くないのに、萌えキャラ美少女としてネット内に存在する行為、方々のこと。その中には少なからずおじさんもいて、通称「バ美肉おじさん」による萌えキャラ萌え声の配信も数多く行われているのだそうな。世も末だ……いや、待てよ。

「わかるぞ！　バ美肉おじさん達のその気持ち」

僕はハッシ！と膝を叩いたものだ。

わかる、わかるのだ。

もし転生するがごとく別の人間に今すぐ変身できるとして、何になりたいか？　その時、おじさんと呼ばれし疲れ果て足も腰も痛くて目がドンドン見えなくなって大好きな本もろくに読めない者共が「いっそおじさんから一番遠い存在に生まれ変わりたい」と慟哭するのは魂の渇望というものだ。

ならば、おじさんから一番遠い存在とは一体何か？　ここでおじさんは、ってオレは、浅はかなイメージでもって思いつくのだ。

「それは、美少女だ」

バーチャル美少女YouTuberになりたい。と僕は２０２２年正月にハッと思ったのだ。56歳。まだまだなんでもチャレンジはできるとして、それならいっそ今の自分から一番遠い存在に転生を試みてみたいのだ。バ美肉50代からの初女子化。萌え萌えキラキラしたバ美肉化自分の姿を想像したらコロナ禍の鬱々とした気分もパ〜ッと酩酊したかのように明るくなった気がするではないか。

それこそコロナ鬱の一症状ではないのか？　微妙なとこだが、とにかくバ美肉美少女になれたら素敵！と正月に思った。バ美肉化の前にまずVTuber入門書を購入せねばと考えて書店へ行った。

「……オーケンさ、ネットを学ぶのに本屋に行く時点で失格」

と後で知人に言われた。「てかオーケン、乱歩はどうなったの?」妖怪博士も黄金仮面もいがそれより今はバ美肉なのである。「ふ〜ん、じゃ、どんな美少女にする気なの?」う〜ん……パッと浮かんだのは、鈴木健也著『おしえて!ギャル子ちゃん』のギャル子ちゃんである。「……オーケンやっぱそれコロナ鬱だよ」

そうかもしれない。きっとそうなのだろう。しかし『〜はじめてみる』の中でVTuberプロデューサーのノラネコPさんは今後のバーチャル世界の拡張についてこう語っているのだ。「本当に手軽に、誰でもなりたい理想の自分になれる世界になるといいと思っています」「今日美少女になろうと決めたら、すぐになれてしまうのが当たり前の世界になるといいですね」

まるでフィリップ・K・ディックの世界か。あるいは、コロナ鬱はバ美肉YouTuberの夢を見るのだ。


『バーチャルYouTuberはじめてみる』スタジオ・ハードデラックス編／河出書房新社

スペンサーにも千葉真一にも言えないね

最近よくネットでエゴサーチをするのだ。

その理由は自分の評価が気になるなんてことより、マッハの速さで誤字脱字を発見して下さるからだ。とにかく迅速。つい先日も、吉田悠軌さんの新刊『現代怪談考』が面白いとツイート（ポスト）したところ、ものの数分で「オーケンさん、怪談孝ではなく怪談考です」というどなたかのツイートがアップされた。ん、あ⁉　本当だ「怪談考」を「怪談孝」に間違えていた。よく気付くなぁ。ありがとうです。

ネットが中心になって書きものの速報性は何百倍にも上がったけど、校閲が無いのが困ったところだ、と思っていたら、エゴサ校閲というチェック方法が出来上がって驚くわけだ。逆に、こちらが発信者の間違いに気が付くことも多い。

たとえばこれは僕が以前、ＪＡＧＡＴＡＲＡというバンドのライブに出演して彼らの「タンゴ」という曲を歌った事についてのある方のツイートだ。

「大槻ケンジがTANGOを歌ったことに否定的な人が多いので一言。大槻は精神病院に入れられた時、病室で大声でTANGOを歌ったらその時だけ精神が回復した経験を持つ。その体験があって、あの日の歌唱に結実した」

そもそも〝大槻ケンヂ〟なんだけどそれはいいとして……いやぁ、精神病院に入れられたとも病室で大声で歌を歌った経験も無いので、すごい擁護して下さっている方に大変申しあげにくいんですけれども、それはきっと何かの思い違いなのでは……と思っていたらまたどなたかのこんなツイートも発見した。

「オーケンと言えば（中略）『ファンが家の前で待っててメモを渡されたので見てみたら「ぎゅっと抱き締めて下さい」って書いてあって（中略）テンパって断った』と言うのが忘れられない」

大筋合ってるんだけどちょっと記憶と異なるのだ。

昔、家の前に数日、30代くらいの女性が張り込んでいて、仕事へ行く僕にガバッ！とメモを渡した。「一度抱いて下さい」と一行だけ記されていた。「ぎゅっと抱き締めて下さい」？　エッセイかなんかにそのエピソードを書いた時に生々しいので昭和少女漫画風台詞にアレンジしたっけかな？

伝言ゲームというやつなのだろう。人と人との情報伝達が緻密に行われるということはあまりなく、そして記憶はひたすら曖昧だ。ＳＮＳはエゴサ校閲という利便性を持ちながら、同時に「おれに関する噂©筒井康隆」をちょっとずつネジ曲げていく。

しかし、ＳＮＳを通さずともアナログで誤情報が発信されるということももちろんある。

先日、僕がそれをやってしまった。

「映画秘宝」２０２１年11月号千葉真一追悼特集に寄稿した時だ。千葉さんの映画「マスター・オブ・サンダー」の音楽に僕のバンドが関わった時、監督の谷垣健治さんから聞いた千葉ちゃんエピソードが面白かったので、記憶のままに「映画秘宝」に谷垣さんとの会話を書いた。

「『谷垣さん、千葉さんてどんな感じ?』『ああ、千葉さん、最高です』『ほぅ』『撮影中何気なく千葉さんに「この動き、できますか?」なんて聞くでしょ。そしたらもう千葉さん』」「できるぅ? できるよ。なんだぁ? 勝負するか!?」と当時67歳の千葉がスゴんだ。という逸話で、僕はこの話をとても気に入っていたし、ぜひ追悼号で紹介したい、との想いで原稿に引用した。

ところが、当の谷垣監督もこの話について追悼号に書いていた。読んでみると『『千葉さん、次のカットなんですけど、ここはこうやってゴロゴロっと地面を転がってもらって……』と簡単に見本をみせた。すると千葉さんは『遅い！君の回転は遅いな！　僕はもっと速いぞ、競争するか?』と」おっしゃった、とのこと。

大筋は間違っていないと言えなくもないかもだけれど、ディティールと言葉が全く違う。

う〜ん、確かにそう聞いたと思っていたのだけどなぁ。谷垣さん千葉さんすいません。僕がボケてるだけかもしれないものの、記憶は不正確だ。これじゃ精神病院に入れられたり「一度抱いて下さい」が「ぎゅっと抱き締めて下さい」になったりするわけだ。

……それで気になる「〜て下さい」への対応であるが……ロバート・B・パーカーに『初秋』という長編がある。

タフガイな私立探偵スペンサーの活躍を描いたアクションシリーズの一つだ。その中でスペンサーが、依頼人の美人から裸で情事をせまられるシーンがある。スペンサーは自分の立場を考え、相手を気遣い、やんわりとその誘いを断る。美女がスペンサーに言う。

「わたしが欲しくないのね」

「もちろん、欲しい。目につく美しい女性はみんな欲しい。それに、彼女たちに恥骨を突きつけられると、おれは血が騒ぐ。しかし、こういうやり方は通用しないんだよ、ベイビイ」

それでも誘いをやめようとしない相手に対し、スペンサーは頭の中で「自分が見たオール－タイム、オール－スター・チーム」のプレイヤーの名前を一人ずつ思い出して、相手が泣き止むのを待ち、コーヒーを注いであげる。で、言う。

「気まずいが、なにも必要以上に気まずい思いをすることはない。あなたが申し出たことを、わたしは嬉しく思っている。わたしが断わったことで、自分を低く見るべきじゃない」さらに、こうだ。

「あれはたんに当惑するようなことではなかった。ある意味では、たいへん楽しいことでもあったのだ。つまり、あなたの裸の姿を見て楽しかった、という意味だ。あれはほんとに楽しいことだ」

　1981年の作品だから、現在とは比較のしようも無いだろう。今なら依頼人からのセクハラということになるのだろうか。わからないが、当時の読者のハードボイルド小説への期待に応えた台詞なのだなと感心する。

　で、僕は、例のメモを渡された時、どう言ったか？　こう言った。

「え、あの、僕、ちょっとわっかんないんですぅ」

　そしておっかなくって走って逃げた。「え、あの、僕、ちょっとわっかんないんですぅ」我ながら名言だ。千葉ちゃんにもスペンサーにも、ちょっと言えない台詞だと思うんだよね。


『初秋』ロバート・B・パーカー／ハヤカワ・ミステリ文庫

円盤と妖精とシモントンさんパンをください

「ムー」のweb版「ムーPLUS」で「医者にオカルトを止められた男」という連載を開始した。ロックバンドで世に出て30数年、まさか「ムー」でコラムを書く未来が待っていただなんて、人生は大きく変化し続けていくのだな〜、と我ながら驚いているところ。

連載2回目を五島勉著『ノストラダムスの大予言』について書いて、原稿に「ところで最近、知人が地球は丸くない、平面だと言うのですが」と添えて送ったところ、すぐに「フラットアーサーですね」と編集の方から返信が来たのには「さすがはムー」と感心したものだ。〝地球平面説〟を信じる人々のことをフラットアーサーとムー民界では呼ぶのだそうだ。

……僕の人生が大きくオカルト寄りにシフトチェンジしたきっかけの一つは一冊の本だった。

稲生平太郎著『何かが空を飛んでいる』92年発売。

「空飛ぶ円盤は恥ずかしい」との一言で始まるこの本は、空飛ぶ円盤事件に関して、たとえそれがウソや都市伝説の類であったとしても興味を失わず、ではなぜそんなウソや都市伝説が生まれるに至ったのか、その原因と背景を考えてみようという、言わば民俗学的アプローチで、当時としては斬新な姿勢に、僕は強く衝撃を受けた。

例えば61年、配管工ジョー・シモントンの自宅の敷地に銀色の円盤が降下、中から出てきた搭乗者に水をあげたらお礼にパン・ケーキをくれた、という、まんが日本昔話みたいなUFO事件があるのだが、『何かが〜』ではこのパンの成分分析に着目する。

「分析の結果は、最後にドンデン返しを用意していた、それもとびっきり無気味なやつを。問題の『パン・ケーキ』には、当然入っていなければならない塩がまったく欠如していた」

塩が入ってない？　そのどこが無気味だというのか？

「西欧の妖精伝承にあっては、人間界と妖精界の間でケーキと水がしばしば交換されるといわれ、それのみならず、一部では妖精は塩を食べないとも伝えられる」

つまり、一片（三片説有り）のパン・ケーキによって、たかだか１９４０年代後半から世に広まった空飛ぶ円盤のウワサ話と、歴史と伝統を持つ妖精の物語とが、思わぬ邂逅を果たしたのである。空飛ぶ円盤が本当に飛んでいるのか否か、それよりも、円盤搭乗者と妖精とのパン・ケーキを介した奇妙な一致から、人類の無意識下に広がる幻想の共有の無気味を読み解いていこうじゃないか、との、斜めからのものの見方に僕はしびれた。読後一気に、オカルトにのめりこんだ。

オカルトを通して見ると、なるほど確かに、全ての事がプリズムによって曲がった光のように別の輝きを放って視界に飛びこんで来るのだ。

こういった、〝問題はそこじゃなくてこっち〟というＵＦＯ問題に対する姿勢は、フランスの科学者、ジャック・ヴァレが先駆者であるらしい。『何かが〜』の塩の話も、ヴァレの考察を稲生さんが紹介する形で書かれている。

「ヴァレは円盤と妖精との関連を論じた『マゴニアへの旅券』を一九七〇年に発表」している、という情報も『何かが〜』で知った。

この本探してもなかなか見つからなかったのだけど、最近になって『マゴニアへのパスポート　フォークロアから空飛ぶ円盤へ』という私家版翻訳本が出ていることを同人誌「ＵＦＯ手帖」を読んで知った。

「ＵＦＯ手帖」は、通販か中野のタコシェくらいでしか手に入れることのできないＵＦＯマニア同人誌である。

開けばジャック・ヴァレの名が頻繁に登場する。『何かが〜』が紹介されることもあり、どうやらこの本を作っている方々と僕とのＵＦＯへののめりこみのきっかけや時期はドンかぶりなんじゃなかろうか？と、こじらせ共有の無気味に、発見した時はタコシェの隅で嬉しくなったものだ。気分は「We are not alone」である。

同誌はもちろん〝問題はそこじゃなくてこっち〟の視線でＵＦＯ事件に斬り込んでいる。たとえばカナダのキーツ島で宇宙人かもしれない人々と遭遇したという女性の事件に関して、その謎の人らの正体よりも、島が孤島であったという情報から、彼女が「なぜこんなさみしい場所に一人で住んでいたのか」……そこじゃなくてこっちこそを謎と考えていて面白い。

例のパン・ケーキ事件を考察した記事もあった。

なんと、そのパン・ケーキを実際に作ってみた、というルポだ。やはりマニアはやることが違うと大受けした。

さらにシモントンの目撃した円盤についての新説もあった。彼が見たのは円盤なんかじゃなくて、外国人を乗せたキャンピングカーだったんじゃないか、どの驚きの推理だ。短くこうまとめている。

「非英語圏の旅行者がエアストリーム系のキャンピングカーで旅行中にガレットを焼いていたら水が足りなくなったのでたまたま通り掛かったシモントン家に突入しただけ説」

エアストリームとは銀色のキャンピングカー。これに乗って「そっちじゃなくてこっち」とか道に迷ってたキャンパーたちがシモントンのとこに入りこんじゃって、そしたらシモントンさんが水をくれたんでお礼に渡したのがパン・ケーキだった、という新説なのだ。

なるほど、有り得るかも。しかし、なんてこったい。僕の人生を大きく変えた事件の真相がもしそんなオチであったなら、妖精伝承との邂逅はどうなるんだい？　幻想の共有はどうするのさ？　ウソも都市伝説も越えて、ちょっと、いやかなりこりゃ拍子抜けする新説ではある。
……余談になるが、冒頭のフラットアーサーの知人について、また別の知人が「いやぁ、地球平面説はさすがにどうかと思うんだよね」と言った直後にこうつぶやいたのだ。「でも俺は、月は人工建造物なんだと考えてる」そっちじゃなくてこっち。たまに不意に人生はオカルト方面にシフトが入る。みんなで銀色の車でシモントンさんにパン・ケーキをもらいに行こう。

『何かが空を飛んでいる』稲生平太郎／新人物往来社
「ＵＦＯ手帖４．１」Ｓｐファイル友の会

さらばシベリア超特急！メガフォースと共に…

子供の頃、映画は超高級文化だと思っていた。

全ての映画は総合芸術なのであり、特に洋画ともなれば、外国の大人たちが英智を結集して作って下さっているのだ。姿勢を正して刮目すべき。と気まじめに考えていた。

その想いがガラガラ音を立てて崩れたのは10代の頃に中野名画座で観た「メガフォース」という映画だった。

82年、製作費87億円をかけたという米・香港の超大作（自称）は、ガキの目にもハッキリとショボかった。

秘密戦闘集団メガフォースが紛争地に駆けつけるのだが、ポスターでは全長20ｍはあろうかという指令車タック・コムが、実際はハイエースくらいの大きさしか無い。バンドの機材車か。

全編を通して同レベルのサイズダウン感があり、最後はメガフォース隊員のバイクが煙を吐いて合成バレバレで空を飛び、隊員が「正義は勝つのさ、80年代でもな」と明らかにヤケクソ

を言って唐突に終わるのだ。

失笑と共に「あ〜映画にはこんなもんもあるのか。大人もアホなもん作るんだ」と僕はいろんな意味でモーレツに感動した。

そしてこの衝撃を人に伝えたかった。でも当時はもちろんネットも無い。教室に友人も少なかった。メガフォースの驚きを人と共有できたのは90年代に入ってからになる。

96年に発売されたムック本「映画秘宝　底抜け超大作」を読んだ時の〝我が意を得たり〟感は今でも強烈に覚えている。

同誌は、それまで映画雑誌などがスルーすることの多かった迷作、怪作の類に焦点を当てた当時としては斬新な映画紹介本だった。

そこには〝言わずもがな〟という感じで「メガフォース」も載っていた。どころか、小松左京総監督「さよならジュピター」や村上龍監督「だいじょうぶマイ・フレンド」等々、少年の日に観て「これだいじょうぶか？」とア然としたヤバい映画の数々がほぼ全て網羅されていて驚いた。

それは「あ、昔オレがヤバいと思った映画を、みんなもヤバいと思ってくれていたんだ」という、同好の士の発見。一冊の本を通しての、大袈裟に言えば、友だちとの邂逅に対する感動であったのだ。

「ハワード・ザ・ダック」なんかまで解説が載ってた。それも、景山民夫さんにハワードのキャラ権購入を持ちかけられて大損をしてしまった方が、その後にある文学賞に入選するが、その審査員は景山民夫であった、という、およそ今までの映画評とは方向性の異なる内容で、〝総合芸術ではない映画の面白がり方〟にまた「あ、わかるそれ」と共感意識を持った。

それで僕は、巻末に付いていた読者用葉書に、仲間を見つけた驚き、のようなことを書いて投函した。読者葉書を書くなんて初めてのことだった。すると次号「あなたの知らない怪獣㊙大百科」の読者コーナーで掲載された。さらに、編集部から月刊誌化を計画しているので何かやりませんか?と連絡をいただいた。

月刊化した「映画秘宝」では女優さんとの対談ページを持たせてもらった。

一回目が「バトル・ロワイアル」の柴咲コウさん。長期連載となった。「100回目にはカトリーヌ・ドヌーヴをお招きしましょう」と編集部の方と冗談半分に言っていた。対談のために毎月何本もの邦画を観ることとなった。そのほとんどが低予算か、中には公開メドの立っていないものもあった。で、かなりの数、ヤバい映画が多かった。

「メガフォース」も裸足で逃げ出す迷作、怪作というか。ヤバい映画の定番としてはエド・ウッド監督「プラン9・フロム・アウタースペース」や、邦画では水野晴郎監督「シベリア超特急」(4作目には僕も出演してます)などが有名(?)と思うが、そんなもんじゃすまない珍作、不思議作を浴びるほど目撃することが出来て貴重な体験をさせてもらった。

でもどんなヤバい映画もA・C・スティーブン監督「死霊の盆踊り」の激ヤバには勝つ事が出来ない、という事実も学んだ。アレ以下のヒドい出来の映画はこの世に他に無い。

逆にあまり話題にはならなかったけれどすごい傑作、という映画にも巡り合うことができた。山下敦弘監督「くりいむレモン」、江本純子監督「過激派オペラ」等々、素晴らしかった。

「秘宝」では執筆者と読者によるオールタイムベスト10アンケートも何度か行われた。98年のベスト3は3位「燃えよドラゴン」2位「まぼろしの市街戦」1位「ファントム・オブ・パラダイス」である。

かつては「第三の男」「七人の侍」「幌馬車」といった辺りが選ばれていた映画ベストに「ファントム〜」のようなカルト作品をネジ込んだところがいかにも〝僕らの新しい映画の見方〟の真骨頂であったのかと思う。

ちなみに2017年のオールタイム〜は、3「マッドマックス　怒りのデス・ロード」2「ゾンビ」1「悪魔のいけにえ」だ。

この頃になると「怒りの〜」以外は古典的名作が選ばれた感も出る。そして2022年4月号ではこれが「中学生魂の復活」というくくりはありつつ、3「狂い咲きサンダーロード」2「スター・ウォーズ　エピソード4」1「ゾンビ」となる。どれもこれもみんな今では大昔の映画だ。

5月号で「映画秘宝」は休刊となった。ドヌーヴを呼ぼうと冗談を言っていた編集長が連載100回目前に不意にいなくなり、そこからガタガタとあわただしくなったと思ったら雑誌がなくなったので、驚いた。

時代とのズレに気付くのが遅かったのかもなと思う。斬新に思えた映画の見方も、今の若い人にとってみれば「第三の男」「七人の侍」をベストに選んでいた先輩方の見方とあまり差のない、旧式のものにいつの間にかなってしまっていたのであろう。

でも僕が「七人の侍」を観て「なんて面白いんだ」と感じたように、次の世代の方々もある時「ゾンビ」を観て「オッさんたちが言ってた映画、なんて面白いんだ」と驚くこともあるのかもしれない。

最終号では「公開40周年記念進撃大特集」として、「メガフォース」のタック・コムのキットモデル化がカラーページで紹介されている。しかも、モデル化だけですごいのに、煙を吐くバイク&ライダー付きなのだ。同志よ。


「映画秘宝　底抜け超大作」1996年／洋泉社、「映画秘宝」2022年5月号／双葉社
※「映画秘宝」は2024年3月号より月刊誌として復刊

ここは、地獄か？　アルジャーノンには、花束か？

先日、我がバンド・筋肉少女帯の結成40周年ライブがクラブチッタ川崎で行われた。

一曲目は「小さな恋のメロディ」という楽曲。「きっと地獄なんだわぁぁぁっ」と大絶叫する激烈なヘビメタだ。

なんでのっけからそんな体力を奪う一発を歌ったかと言えば、磯部涼著『ルポ川崎』という本があって、その帯に「ここは、地獄か？」と太字でデカデカと書かれてあったのだ。

装丁のインパクトたるや凄まじく、『ルポ川崎』を書店で見て以来もう僕の中で川崎と言えば「ここは、地獄か？」の印象以外、湧かないのである（川崎の方々ゴメンなさい）。なもんで、川崎でのライブが決まった瞬間に僕は決めた。「おお「ここは、地獄か？」の川崎。地獄かどうか知らんけどまずここはアンサーソングでしょ」

「きっと、地獄なんだわぁぁぁぁっ!!」

……とのライブ一曲目選抜だったのだけど、そんなこと説明しても誰も共感してくれないものな、とライブでは理由を口にしなかったし今後も別に言わなくてもいいよなと思っていた。でももしかしたら「本の雑誌」の読者なら「あ、それな」とピンと来てくれる人がいるかもしれないと思ってあえて書いてみました。ピンと来て下さいましたか？

それにしても40周年だ。

筋肉少女帯結成の逸話はファンの方々にはもう耳にタコであろうけど、「本の雑誌」読者は御存じ無いであろうから教へるなら、それは火事がきっかけの一つになっている。中学入学を目前にした春休み、勉強部屋で星新一先生の「白い服の男」を読んでたら近所で火事が発生した。野次馬で見に行くと大きな火災で「きっとあの家の人は焼け死んだだろな」と思い、中学入学時に校庭で前列になった同級生にそのことを話した。すると彼が言ったのだ。「あれは、僕の家だよ……」

自宅が全焼した内田君と組んだバンドで初ライブを行ってから40年経ったわけだ。

40年もやっていると同様の〝バンドすべらない話〟はいくらでもある。

20代の頃、ロック雑誌の取材で僕と内田君が漫画の話ばかりしていたら、生粋のロック・マニアであるギターの橘高君が、よほど僕らの〝まんが道トーク〟に業を煮やしたのであろう。「君たち、ロックの話をしろよ！」と叫んでワッと泣き出してしまった。

これまたファンの方にはとても知られた逸話であるが、ではその時、具体的に何という漫画について語り合っていたのか？　結成40周年記念で発表します。遠崎史朗原作、中島徳博画『アストロ球団』だ。

こまかく言えば「殺人L字ボール」のシーンについてなのであった。「殺人L字ボール」とは、バットで捉えた瞬間に球道がL字に曲がって打者の頭部を打ち砕いて殺してしまうという恐怖の魔球のことで、むしろこういう奇想、脱常識的アイデアをこそ「ロック」と呼ぶのじゃないのか!?と僕は思ったのだけどなぁ。怒られちゃいましたね。

川崎の数日後には大阪へ向かった。

弾き語りライブのためである。アコースティックギターで、「香菜、頭をよくしてあげよう」など15曲を一人で歌った。

「香菜、頭をよくしてあげよう」はフォーク調の、自分で言いますがとてもいい曲だ。ぜひ皆さんに聴いていただきたい。ググれば筋肉少女帯の演奏動画が落ちてると思うのでよかったら今ちょっと検索してみて下さい……。

……観ましたか？　ね、いい歌でしょう？　作詞は僕です。オタク少年のサブカルマウンティングの歌だ。「香菜」ちゃんという女の子を好きな男の子が、自分にはサブカルな知識くらいしか持っているものが何も無いので「香菜、カルトな映画君に教へてあげよう」なんて上目線に立ってみせる、その幼さと愚直さのいじらしさを歌った楽曲だ。〝彼〟は「香菜、明日君を図書館へ連れていこう」なんてことも言い出す。そしてこう付け加えるのだ。「香菜、泣ける本を君に選んであげよう」

……泣ける本？　泣ける本って、何？

作詞しといてなんですが、これ実は書いた時には具体的には考えていなかった。そしてこれだという本を決めないまま何十年も歌ってきた。ところがこれがまた「本の雑誌」になりますが、何号か前に「泣ける本特集」あったでしょ？　アレを読んで、ふと思った。「香菜、頭をよくしてあげよう」で男の子が香菜ちゃんに薦めた「泣ける本」って具体的に誰の何という本なのだろう？って。

『アストロ球団』では無いことだけは確かなのだが……まぁ、アレはアレで泣きの本でもあるけれど、さすがにそこはいくら野暮天な〝彼〟も空気を読んで、もう少し好きな異性に寄せての本にしたと思うのだ。

〝彼〟は僕の分身ではあるけれど僕自身では無い。だから僕が泣いた本を選ぶのもまた違うであろう。そもそも僕は本を読んで泣いた経験が無い。となれば１９９４年のこの曲の詞については、客観的に、当時の読書オタな男子が、「オレこんな泣かすの知ってるぜ」と言って好きな相手に薦めるであろう類の本の中から選択するのが正解なのだと考えるのだ。さて皆さん何だと思います？

「……やっぱ、そこはベタに『アルジャーノンに花束を』じゃないかなぁ。ダニエル・キイスのさ」

と、大阪のライブで曲間に僕は語ったのだ。ベタですが、どんなマニアでも異性を口説く状況においては、安牌を切る、というか、ベタで抑えにかかる、というか、SFだけどタイトルがおシャレで万人が泣けて贈りものとしてもいいという、多要素を兼ね備えて「泣ける本」常時トップランクの『アルジャーノン』あたりを〝彼〟は香菜ちゃんに紹介したのではないか？と推測するのだが……どうでしょう？　作詞者にどうでしょう？と言われてもですよね。でも『アルジャーノン』じゃないかな～と思うんだよな。なんかお薦めして来る人までいい人に思えてくる内容だしさ、何よりもどの版も装丁が綺麗で「ここは、地獄か？」とか書いて無いものの（いえ「ここは、地獄か？」は名コピーです！　川崎もいい町です！）。

『ルポ川崎』磯部涼／サイゾー

『右手を失くしたカリスマ』とオーケンの俺じゃないっスよ事件！

渋谷のLa.mamaで高校生の頃〝バックドロップ〟を見た。

当時のアングラなバンドが多数出演のライブハウス・イベントに僕も参加していたのだ。出番を待ちつつ演奏中のバンドを観ていたら、突如パンクファッションの数人が花道をダダッと駆けて来て、舞台上のバンドマンの背後にそれぞれが回りこむと、一斉にプロレス技のバックドロップでもって「せーの！」でぶん投げたのでもうビックリした。

ジャーマン・スープレックスもあったかと思う。さらに、バックドロップ集団は投げ捨てたバンドマンらの楽器を奪うと、う〜んと唸っている彼らをそのままに、自分たちの演奏を威勢よく開始した。宇宙一迅速な舞台転換と言えた。「あ、ローディーさんいらないな」と妙な感心をしつつ、「ああいう人たちとは関わらないようにしよう」と腹の底からおびえたものである。

ああいう人たち……80年代初頭に続々現われ、誇張では無くライブハウス界隈に血と暴力の雨を降らせていた、ジャパニーズ・ハードコアパンクバンド……通称ジャパコアの方々である。

ジャパコアはモヒカンに革ジャンという「マッドマックス2」のようなかっこうをして客や無関係のそこらの人をよくしばいていた。

本当だ。武装している方もいた。僕はセンター街で、ムチを振り回すパンクスと、ネクタイで応戦するサラリーマンとの大ゲンカを目撃したことがある。インディ・ジョーンズのような光景をア然と見ていたらパンクスに「お前かぁ!?」と突然スゴまれ、あわてて「お、俺じゃないっスよ!」と叫び返した怖かったから。

この「オーケンの俺じゃないっスよ!」事件に関してはよくネタにしていたが、今回新たにその時のエピソードに追記すると「お前かぁ!?」とにらみを利かせた方の片手の先が無かったようにも見えた記憶があるのだ。

『ISHIYA私観―ジャパニーズ・ハードコア30年史　番外編　右手を失くしたカリスマMASAMI伝』は、ハードコアパンクバンドのボーカリストとして現在も活躍中のISHIYA氏が、80年代ジャパコアや、その中心人物でありながら30代の若さで92年に亡くなられたマサミさんについて記した渾身のルポだ。

ハードコアパンクは激しいビート、重くひずんだギターサウンド、激怒でもしているかのシャウトが特徴の破壊的なロック・スタイルで、おのずとライブでも暴力沙汰が当時は絶えなかった。

ＩＳＨＩＹＡ氏の前作『ＩＳＨＩＹＡ私観―ジャパニーズ・ハードコア30年史』によれば「昭和のハードコアシーンのライブハウスは、それはそれは恐ろしかった。毎回、必ずといっていいほど客の誰かが血祭りにあげられ、『いつ自分が……』と思いながらライブハウスに行っていた」という状態であったそうだ……だったら行かなきゃいいのに⁉と僕などは思うのだけど、そこには「家庭や学校といった日常の共同体で得られるものとは、まったく異なった世界」が広がり、特別な緊張感と引きつけてやまない魅力が満ちてもいたようだ。

例えばその一つが「マサミ」の存在だ。

マサミさんは元々「トラッシュ」というディスコにたむろしていた若者であった。パンク・ミュージックと出会いバンドを組むこととなる。担当はボーカルだが歌詞は一曲をのぞいて無かったそうだ。演奏に合わせて即興で叫ぶのみ。でも、その姿が理屈ではなく異様にかっこよかった。ビシッと立てたモヒカンに剃り落とした眉、結び目の見えないマーチンのブーツ。右手の先が無い。事故で失ったのだ。ダイナマイトの爆発によるものだ。もう片方の手にはムチやらスタンガンなどを持っていて、容赦無く人をしばいた。

例えば某大学の学祭では「誰か学生を見つけるとマサミが警棒で殴り倒すんだよ（笑）」「殺そうと思って殴ってないけど、遊びで殴ってないよ。倒れて動かなくなってたから（笑）」との目撃談が『マサミ伝』に寄せられている……一体なぜそれが（笑）なのか。

～でも、かっこよくて仲間にはとてもやさしくて、皆に愛されていた～

と、先日リモートで対談したＩＳＨＩＹＡ氏は懐しそうにマサミさんについて僕に語ってくれたのであった。怖いけどかっこよくて愛嬌があって、まさにカリスマと呼ぶべき魅力のある人物であったのだろう。彼が歩くとモーゼの十戒のように竹下通りの群集が左右に分かれたという。『マサミ伝』には甲本ヒロト氏、ＹＯＳＨＩＫＩ氏によるマサミ氏の思い出も掲載されている。表紙は浅野忠信氏が描いている。

ＩＳＨＩＹＡ氏によれば、ジャパコアが過度に暴力的だったのは80年代の6～7年間ぐらいの短い期間で、現在はいきなりしばかれたりはしないらしい。そしてネットなどを介して、海外のハードコアパンクと交流をするようになり、今やジャパコアは各国へ広がりつつあるとのこと。

マサミ氏は、一つのジャンルが成熟するまでの過程においてのカオス期に、突出した牽引者としての役どころを果たした人物だったのかもしれない。

それにしてもジャパコアというマニアなジャンルに、ＩＳＨＩＹＡ氏のような〝書く人〟〝記録を残す人〟が存在していることを僕はとてもうらやましく思う。

僕もロックにおいてはマニアな道を歩いている側かと感じるので、いつか誰かに『顔にヒビ

を入れた歌い手　オーケン伝』とか書いてほしいものだ……自分で書くのかな〜。
……ＩＳＨＩＹＡ氏は大柄モヒカンのいかにもパンクな風貌である。失礼ながら〝書く人〟とはイメージのまた違ったルックスと感じた。それで思わず「〝書く〟という行為のきっかけはなんだったんですか？」尋ねると、ニコッと笑って教へてくれた。〜昔、逮捕されて留置所や拘置所に入っていた時期があって、中でやることって絵を描くことと書くことしかないんです。絵は苦手だったんで、書くようになった〜そうしてジャパニーズ・ハードコア史が上梓されるに至った。う〜ん……パンクス・ノット・デッド！

『右手を失くしたカリスマＭＡＳＡＭＩ伝』ＩＳＨＩＹＡ／blueprint
『ＩＳＨＩＹＡ私観─ジャパニーズ・ハードコア30年史』ＩＳＨＩＹＡ／blueprint

『「たま」という船に乗っていた』と、オーケンの「次でいいっスよ！」事件

前回は『ＭＡＳＡＭＩ伝』について、マニアなロックバンドの記録が読めることの面白さを書いた。今回も然り。

『「たま」という船に乗っていた　さよなら人類編』は、孤高のバンドたまの元メンバー、石川浩司さんの自叙伝『「たま」という船に乗っていた』を、原田高夕己（たかゆき）さんが漫画化した第1巻だ。

石川さんが弾き語りを始めた19歳から、たま結成、そしてブレイクのきっかけとなった、89年テレビ番組「イカ天」出場までが逸話豊富に描かれている。

三上寛、突然段ボール、友部正人といった、なんというか「ガロ」っぽいミュージシャンの名も多数登場して、『ＭＡＳＡＭＩ伝』とはまた全く流れの異なる80年代ロック史のレア記録が興味深いのだ。

たまはデビュー以前、ケラリーノ・サンドロヴィッチ主宰のインディーズ、ナゴムから音源

を発売していた。同じナゴムで当時活動していたバンドとして、若き日の筋肉少女帯も177Pにイラストで一コマ描かれている。髪を立て必死に叫んでるボーカルは19歳くらいの頃の僕だ。

19歳くらいの頃、僕は専門学校や予備校に通いつつバンドをやっていた。

その同級生に、いつもショッキングピンクの服を着ているロック好きの女の子がいた。彼女を何度か自分のライブに誘った。そのお礼だったたか、一人暮らしの彼女のアパートへ招待してもらったことがあった。それ程広く無い彼女の部屋にはショッキングピンクのでっかいベッドだけがデーンと置いてあった。そこにしどけなく横たわった彼女が会話の切れ目に「ね、ケンちゃん、ね」と、横に寝るよう誘って下さったのであった。これに対し、ベッドの端に緊張のあまりほとんど落ちるほどの浅さでガチガチに固まりながら座っていた僕は、こう応えた。

「いや、あの、次でいいっスよ！」

以前書いた「俺じゃないっスよ！」事件に続くオーケンの「次でいいっスよ！」事件の勃発だ。いきなりの色っぽい展開に青年は怖気づいてしまったのだよ。

「ん？　そう」と彼女はフッと笑った。〜じゃ、今回は無し、ね（笑）〜次も無かった。

彼女はその後も僕のライブに来てくれた。でもある時ラリったパンクスが楽屋に入って来て「君いいよ〜」と僕のライブをほめた。「え？　あ、どうも」「君い〜よ、だからさ、このビール券を酒屋でビールにかえて来て〜、俺ラリっててかえてくれね〜んだ、頼むよ」「……はい」

出演者だというのに客のビール券をかえに店に走ったのだ。マジ怖かったから。

で、酒屋からビール抱えて戻って来たら、ショッキングピンクの彼女がそのパンクスと一瞬でいい仲になっていた。

「じゃあねケンちゃん」一緒に帰っちゃってそれっ切りだ。再び彼女を観たのは数年後、たまたま借りた村西とおる監督AVメーカーのビデオ主演女優としてであった。驚いた。綺麗だった。


……ロックの話に戻そう。

『さよなら人類編』は、たまがイカ天で一夜にして強烈な印象を人々に与えるまで、で終わっている。この後彼らは人気バンドとなり紅白歌合戦にも出場することになるのだが、メジャーデビューに際しては、ケラさんのバンド、有頂天が所属していた事務所に入った。

PCMという名で、ここには筋肉少女帯もいた。GO-BANG'Sその他もいた。89〜91年くらいのいわゆるバンドブームを一手に引き受けていたのだ。

PCMの社長はいつもからし色のジャケットを着て銀ブチ眼鏡をかけた一見インテリ風の元バンドマンだ。当時まだ30代だったと思う。江口さん、と僕らは呼んでいた。

江口さん……江口勝敏さんは、東京ロッカーズという新宿ロフト界隈のパンク・ムーブメントにいた人なのだが、それ以前はヒッピーで、インドあたりを放浪するバックパッカーであったと本人から聞いた。

たまにその時代の話をしてくれたが「おう大槻、インドはスゲーぞ、お地蔵さんが空から降ってくるんだ」なんてことを言う。どんな旅をしていたか露骨に想像がついてしまうではないか。実にフリーダムな怪人であった。

ではなぜそんな人物が興した会社に沢山のバンドが集ったのかと言うと、当時バンドマンの誰一人としてマネージメントのことか芸能事務所のことなどについての知識を持っていなかったのだ。

バンドをやってお金をもらう、などということがあることさえ知らなかった。『さよなら人類編』で新宿ロフトを満員にしたたまがギャラ一人2万5千円もらって「ヒエーッ急にオレ達金持ちだあ！」と仰天するシーンがある。まさにそんなもんだった。

だからよく知らない大手芸能事務所に入るよりも、元バンドマンで話の面白い兄貴みたいな江口さんのとこに入った方が何か楽しそうでいいや、というような軽い気持ちでみんな所属した。そうしたら……ＰＣＭはバンドブームの終焉と共につぶれてしまった。それで所属していたバンド達は一時期みんな大変な目に遭い、江口さんもバンド界隈から去ってしまった。

果たして『さよなら人類編』の続編に江口さんは登場するのか？　どのように彼は描かれる

のか？　個人的には、あのバンドブームをビジネスの面から見てくれていた江口さん私観のロック史をぜひ読んでみたい気もするものの、残念ながら江口さんは一年ほど前、居住先のセブ島（なぜ？）で亡くなってしまった。

悲しかったよ江口さん。

これを書くにあたって検索したところ、ＰＣＭ破綻以後の江口さんは、伝説的なゲーム「Ｄの食卓」の創造者、飯野賢治氏と懇意になり、彼の急死の後、彼が残した「演算」についてのシナリオをゲーム化すべくクラウドファンディングを立ち上げたそうだ。バンドブーム時以上に活動が怪しい。

江口さんの編著もあった！「非物質ガイドとの探索」というシリーズで1巻目のタイトルは『うまくいく人は必ずつながっている』……俺らうまくいかなかったけどなぁ……ちなみにクラファンがどうなったかは不明。そして江口さんの編著の出版社は、ヒカルランドなのであった。あ、スピ系か。亡くなってからもその怪しさが次々とわかる人物、江口さんの生涯をいつか漫画で読んでみたい。

『「たま」という船に乗っていた　さよなら人類編』石川浩司、原田高夕己／双葉社

「『闇の左手』現象」はコロナの症状なのか

先月はコロナにかかり休載してしまった。すいません。発症3日後から7泊8日でホテル療養をした。お世話になった医療従事者の方々には感謝の言葉しかないが、ホテル療養とは一種異様な体験であった。

そもそも閉所苦手なのになぜホテル療養を選んだのか。高熱でモーローとしていたのだろう。保健所へ電話すると、「空いたホテルをランダムに振り分けます」とのこと。某所に決まり、当日は感染予防仕様車が家まで来てくれた。ホテル直行。受け付けでは名前を告げただけですぐ部屋へ行くよう指示された。贅沢など言えるわけは無いがそれ程広くないシングルだ。窓も開かない。ベッドのそばに電話があって、たまに「ふぃ〜っ　ふぃ〜っ」と小さく鳴る。取ると、毎回違う方が出て「熱や心拍数を自分で測って下さい。それをスマホで送って下さい」などと指示される。「質問はありますか?」「あの、声がガラガラなんですけど、これもコロナの症状ですよね?」「普段のあなたの声を知りません」ですよね〜、と言って切った。

電話は最初の内は日に数回かかってきた。後半はピタッと鳴らなくなった。放置プレイなのである。

部屋の外に出られるのは日に4回。廊下に置かれている弁当を取りに行く時と、日に一度ロビーに降りてゴミを捨てに行く時のみだ。ピンポンパ〜ンと昭和なチャイムが鳴って「お食事の時間です」とか「お食事の時間が終わります」とか「外に出ないで下さい」といったアナウンスが館内に流れるのだ。

何か監禁もの漫画の主人公になったような気分だ。

廊下やロビーでマスクをした療養者、防備姿の医療従事者とたまにすれ違う。言葉は交さない。また、自然に出来上がった暗黙のホテル療養ルールなのだろうか、誰一人としてここでは会釈をしない。静かで、時間の止まったような空間だった。

楽しみなのは弁当か。でも、これも出していただいている身分なのでアレだけど、やはり合う味合わない味というものはあって個人的には絶望的に後者なのだった。もうなんともね。でも人間とは適応するものだ。廊下に置いてあるレンジで4回連続チンするとけっこう食べられるとある時気付いた。そして差し入れのふりかけを山のようにふることだ。差し入れは前日の18時までに、来る人と持ってきてもらう物のリストを報告すれば翌日の夜に受け取ることが出来る。食品に関しては缶づめやカップヌードルは差し入れNG、要冷蔵のものも全部ダメ、だから果物もいけないのだけど、ん？なんでだ？　部屋に置いてあった「差入のできる物品」リストに「バナナのみ」ＯＫと書かれてあるではないか。「先生、バナナはお菓子に入りますか？」遠い昔の遠足の前のバナナ問題を思い出したりした。マジなぜバナナだけＯＫ⁇

さて、そして気になるのは本である。

検温と弁当もらいに行くくらいしかやることのない約10日間というのは、徹底的に本が読める約10日間ということだ。僕も家から10冊くらいの本を持参した。中でもシド・スミス著『キング・クリムゾン全史　混沌と錬修の五十年』は、二段組でとにかくブ厚い、いわゆる鈍器本。こんな機会に腰を据えて読むのに最適と思えた。で、ようやく熱の下がった療養3日目から読み始めた。英国のロックバンド、キング・クリムゾンの歴史を記した本書は療養のホテルでしみ入るように楽しく読める……はずだったのに……ダメだ、まるで内容が頭に入って来ない。それでも活字を追っていくとぐるぐると目が回り出してしまった。

「あっ、これは『闇の左手』現象だ」

やばい！と思ったのである。

アーシュラ・Ｋ・ル・グィンの『闇の左手』は70年のヒューゴー＆ネビュラ賞に輝くＳＦ大作だ。僕は高校の頃にこの本の読破に失敗している。

ある時熱が出て、学校を休めることになり、それなら家で一日ＳＦを読んでいられるなと、

『闇の左手』を読み始めたものの、熱のせいかまるで内容が頭に入らずその内ぐるぐると目が回り出してしまったのだ。

それだけならまだしも、その後も『闇の左手』を見ると発熱時のつらさが思い出されて、嫌な気持ちになるという、トラウマ化現象に見舞われるようになってしまった。

以来、体調の悪い時に読んだ本が、その時の苦しい気持ちを蘇らせるスイッチとして機能してしまうことを僕は「『闇の左手』現象」と呼び、なるだけそれを避けるようにしているのだ。ル・グィンにしてみればまったく「知らんがな！」ってところであろうし、じゃあル・グィンじゃなくてW・W・ジェイコブズを読んでいたら「『猿の手』現象」になっていたのか、とか、それこそ楳図かずお先生を読んでいたなら「『神の左手悪魔の右手』現象」になっていたのか、とか、わからないが、ともかく大好きなバンドについての本が闇の左手に捕われてしまうのが嫌で、クリムゾン全史を読むのを断念してしまった。

また、一日置いて別の本を読み始めてみたものの、やはり内容が入ってこなかった。結局一冊も読まずにホテル療養を終えた。

今にして思うのだ。あの時の、本が読めない、活字が追えないという感覚は、独特なものがあった。高校の発熱時ともまた違う、それ自体が一つの症状のような感があった。まだまだわからない事ばかりのコロナという病気に、今後もし〝本を読むことが出来ない〟という症状が認められたなら、それは僕が名付けた「『闇の左手』現象」に他ならない。ル・グィンにしてみればまったく迷惑なネーミングであろう。「私のせいちゃうがな」

ちなみに最近トラウマ克服にと『闇の左手』読破を再度試みたところ、壮大かつ複雑な世界観に、内容がまったく入って来ず、目がぐるぐる回って来て数十ページで寝落ちしてしまった。すわ、コロナ後遺症？　いや、そもそもこの小説がオレに合ってなかったんだよル・グィン。

「だから知らんがな！」皆さんコロナ気をつけて。

『闇の左手』アーシュラ・K・ル・グィン／ハヤカワ文庫ＳＦ

『夜の夢こそまこと　人間椅子小説集』に「蟲」をネジこめ。

乱歩のアンソロジーの選者になったなら「蟲」をネジこんでみたい。

乱歩の作品群の中ではメジャーではないし、美女の屍体が腐敗していく様子を描いた内容は陰惨に過ぎるけれど、他人や世界との接し方がわからない主人公の生きづらさはもしアダ名を付けるなら〝屈折くん〟とでも呼ぶべき哀しくも愛すべきキャラで、好きだ。

しかし先日参加した書籍『夜の夢こそまこと　人間椅子小説集』に、僕が「蟲」をプレゼンすることはなかった。なぜか？　この本、誰が聞いても江戸川乱歩のアンソロジーみたいなタイトルなのに、そうではないからだ。

『夜の夢こそまこと』は、ロックバンド・人間椅子の5つの楽曲を、5人の創作者が小説化した、「人間椅子」曲トリビュート「小説集」なのだ。

バンドと小説というコラボは近年ではYOASOBIなどにもあるそうだが、珍らしいのではないか。それにしてもゴリゴリのハードロックの人間椅子とYOASOBIとの比較は非常

に困難と思われる。

伊東潤氏が「なまはげ」空木春宵氏が「超自然現象」長嶋有氏が「遺言状放送」を題材に書いている。僕も「蟲」のプレゼン……ではなく「地獄のアロハ」という椅子曲を小説にしている。人間椅子のギタリスト、ワジーこと和嶋慎治氏も自曲「暗い日曜日」をノベライズしている。


先日人間椅子と横浜で対バン（同じライブで演奏すること）した時、「大槻く～ん」と声がしたので振り向くと、走って来たワジーが「大槻くん、いやぁ小説を書くってのは大変だね」と挨拶もそこそこに言った。高校時代に同人誌で書いて以来だったとのこと。

彼は自伝を書いている。和嶋慎治著『屈折くん』は、ワジーが誕生からバンド結成、紆余曲折を経て敬愛する海外ロッカーのフェスに招かれるまでを綴ったミュージシャン半生記だ。

でも、明らかに他のどんなバンドマンの自伝ともテイストが異なっていて面白いのだ。

いきなりUFOにさらわれた話が出てきたりもする。

学生時代に「UFOと宇宙」という雑誌を自室で読み耽っていた頃、「ハッと思って顔を上げると」いわゆるアダムスキー型のUFOが窓のすぐそこにいた。「黄金色だった。直視できないほど光輝いていて」「物理法則を無視して壁を通り抜け、巨大な姿で部屋に飛びこんで来た」そのまま意識を失い、時計を見ると2時間の時が経過していたという……ミュージシャンの自伝にいきなりＵＦＯ遭遇談が登場するのは、以前紹介した中西俊夫さんの著したプラスチックスについての本でもあった。中西さんの語るＵＦＯ体験は本の中で唐突に始まり唐突に次の話に移るのだが、和嶋氏の場合は、自らの神秘体験を「人格の変容を伴うもの」と認識し、「これ以降、僕はさらに進学に対する興味を失って」家を出てギタリストを目指そうというきっかけの一つとしてその後の物語の伏線に活用しているように思える。

ＵＦＯ話のみならずあちらこちらにそういった奇抜なトラップが仕掛けられている。他のバンドマンの自伝とは異なる、その後に小説を書くことになるであろうミュージシャンの自伝エッセイだよなぁ、と僕は思うのだ。

「ワジー、本当、小説書くのきついよね」

横浜のライブではそう答えた。筋肉少女帯とは筋肉少女帯人間椅子というコラボバンドもやっている人間椅子の小説集なのだ。これは書かないわけにはいかない、と執筆依頼を了承したものの、小説を書くのは約10年ぶりだ。

50枚。書き始めたとたんに胃痛と腰痛に襲われ、上手く書けないことの自責の念から陰うつな気持ちになり「あ〜、これか、これが嫌でオレ小説書くの止めたんだ」と思い出したがもう遅かった。

和嶋氏のＵＦＯ目撃談をキーポイントに、人間椅子がブレイクするきっかけとなったテレビ

「イカ天」の話などもまじえた短編をコリコリ書くも、普段一曲終わればお客さんからワッ！と拍手をいただくのに慣れてしまっているバンドマン。一日8枚書いて「やったオレやるじゃん！」思うてもシンと静かな自室のテーブルの前でひとりぽっち。サミシ〜な〜。

胃痛腰痛孤独感もきつかったけど、表現についてのコンプラアウトも難しいものだと思った。例えば「肌色」という言葉は今は使ってはダメとのことであった。え？　そうか、ですよね、肌の色はさまざまだもの。と、これは納得してすぐに直した。ところがもう一つ使用した、ある台詞が、現在においてはまかりならないとのこと。「え？　でもこれある小説の引用で、今回書いている小説の重要な要素というかキモなんですが」と編集の方にダメですか？と尋ねたがいやぁ〜どうにもダメですよぉ、と言う。困った、どうしよう？　しかも作品中に何度も登場してしまうのだ。

「う〜ん、コンプラはわかりますけどでもこれ、有名な推理小説からの引用の台詞ですよ。江戸川乱歩ではないけれど、人間椅子のリスナーならけっこう読んでいる作家の文章だ」

「いやぁ、今はそういうところも、ネタバレにかかわるということでよろしくないとの声が……」

「ええ……でも、直せないなぁ、どうしよう」

困ってしまったものである。人間椅子のリスナーでなくても、「本の雑誌」の読者ならきっと御存知であろう、乱歩と並ぶ推理作家の代表作に出てくる台詞なのである。それはその言葉の響きであるからこそ意味を持つのであって、違う表現に変えてしまうともう味わいが出ない。しかし今時使用してはよくないということもよくわかる。う〜ん、どうしよう……ハッ！僕は言った。

「その台詞全部伏せ字にしちゃいましょう」

「伏せ字ですか、『××××』みたいな？」

「そう『××××』あの、その昔、江戸川乱歩の小説が風紀的によろしくないっていうんで、××××と伏せ字が入ったっていうじゃないですか。特に『蟲』はそのほとんどが××××で覆われてしまったそうな。だから『地獄のアロハ』も伏せ字で××××でいっぱいにして、江戸川乱歩の『蟲』オマージュということにしちゃいましょう」

一体どれだけの人に伝わるというのかその「蟲」オマージュは。でもある意味『人間椅子小説集』に「蟲」をネジこめたんで僕はわりと満足です。

『夜の夢こそまこと　人間椅子小説集』伊東潤、空木春宵、大槻ケンヂ、長嶋有、和嶋慎治／KADOKAWA

『屈折くん』和嶋慎治／角川文庫

『僕の樹には誰もいない』を読んだから、一行空けよう。

筋肉少女帯の大阪ライブ中にオジー・オズボーンのモノマネを教わった。

翌日に代々木競技場第一体育館で新日本プロレス50周年を祝う音楽フェスがあり、僕はザ・ロード・ウォリアーズの入場曲であるブラック・サバスの「アイアンマン」を歌うことになっていたのだ。サバスに詳しく無いので、メタル・マニアの筋少メンバーに大阪ライブの曲間、パフォーマンスのコツを尋ねたところ、ボーカルのオジーの特徴を解説してくれた。それは①両手をピースサインにして左右に振る（「カニさん」と呼ばれているそうだ）②ギタリストにウザ絡みする③歩き方は関根勤さんがモノマネするジャイアント馬場の雰囲気で……以上3点を押さえたなら「『アイアンマン』バッチリ」とのこと。その道のプロの指導がカニさんや馬場さんだとは驚きだし馬場さんは新日じゃなくて全日本プロレスなんだけどな、と思いつつ翌日、代々木へと向かった。

新日50年を祝すイベントは、レジェンドから現役に至るプロレスラー達がバンドの生演奏に乗ってリングインを披露するというショーだ。レスラーもミュージシャンもメンツがやばかった。今回敬称略でレスラーは長州、藤波、武藤、蝶野……等々、ミュージシャンが竹田和夫、山本恭司、マーティ・フリードマン等々。さらに、高中正義までいる。高中正義はやばい。僕の世代にしてみれば〝タカナカ〟は雲上人である。

「まさかタカナカと俺が同じ舞台に立つ日が来るなんて」焦ったものだ。

当日、バックステージはレスラーとミュージシャンが行き交うカオスな状態だった。

覆面レスラーのエル・デスペラードが「一緒に写真撮ってもらっていいですか」声をかけてくれたのに場の音が大きくて「え！何⁉　ホルモン⁇」と聞き返してしまった。どうしたら「ホルモン」という単語が出て来たのか我ながら未だに謎である。タカナカだ。緊張していたのだ。

僕の出番は高中正義の次だった。死ぬかと思った。

それでも教へ通りカニさん馬場さん取り入れて「アイアンマン」を歌った。間奏でギタリストにウザ絡みした後ふり返ると、バックスクリーンにホークとアニマル、ザ・ロード・ウォリアーズの試合映像がドーンと映し出されていた。

10代の頃に初めてテレビで観た彼らはやおらタバスコを一気飲みした。それで僕も曲の後奏でタバスコを一気飲みした……もう一度死ぬかと思った。ホークもアニマルも何年も前に死ん

『僕の樹には誰もいない』を読んだから、一行空けよう。

でしまった。タバスコはアントニオ猪木が日本に輸入したと言われている商品だ。猪木も今年亡くなった。

猪木の映像がイベントのラストにスクリーンに流れた。薄闇の中ステージに誘導されてそれを観上げた。「元気ですかっ」「迷わず行けよ行けばわかるさ」名シーン名台詞の連続で、グッと来た。映像が終わり前を向くとすぐ目前に長州力と藤波辰爾がいたのでビックリしてこの日3回目に死にそうになった。そしたら長州の隣にギターを抱えた渡辺香津美がいてやおら猪木の入場曲「炎のファイター」を弾き始めた。その隣が武藤、蝶野でその隣は藤原喜明である。藤原組長は泣いていた。師・猪木の映像を観て感極まったのだ。まったく猪木がこの世界からいなくなっただなんてこっちが死にそうだ。1、2、3、ダー!!

今年亡くなった音楽評論家・松村雄策のエッセイ集『僕の樹には誰もいない』を読んでグッと来た。

彼の晩年の原稿から選ばれた文章をまとめた一冊だ。ここから敬称有りに戻る。松村さんは僕より一周り程上のビートルズ派ロック・ライターだ。学生時代に雑誌「ロッキング・オン」で何度か彼のコラムを読んだものだ。失礼ながら正直〝小うるさいビートルズおっさん〟という印象を持っていた。「俺は五十歳になっても、ビートルズを聴いている。お前たちも五十歳になっても、ＥＬ＆Ｐを聴いてろよ」なんてこと書くのだもの、小うるさい。でも『僕の樹には〜』を読んだら、3・11の直後のエッセイに「こういうときに、何を書けばいいのだろうか。やはり、僕はジョン・レノンがどうしたとかポール・マッカートニーがこうしたとか書くべきだろう」とあって、ああ、松村さん、心底、ビートルズを信じていたのだなぁ、と思ったらちょっとグッと来た。

そして最後のエッセイで自分が末期のガンであることを告白し、読者に感謝を述べた後、「もうすぐ、ビートルズの『レット・イット・ビー』の、新しいヴァージョンが発表されるという。それを見なければ、死ぬに死ねない」と、死という人生最大の「こういうときに」もちゃんと、ジョン・レノンがどうしたとかポール・マッカートニーがこうしたということを書いて文章を終わらせていたので、見事だ、と、今度は本格的にグッと来た。

松村さんの文章は、日常雑記から始まったと思うと途中で一行空けて、不意にロックの話になって締める、という独特な構成のものも多い。『僕の樹には〜』の中でも例えばキンクスについての文章は立川談志の話から始まって、ずいぶん後に一行空けて、キンクスが出て来るのはさらにそこから8行目だ。僕は昔、この文章スタイルが苦手だった。無理矢理だな、と感じていたのだ。でも今あらためて読み直してみると、なるほど日々の生活の中に常に音楽が流れていて、たった一行空けでそれを出し入れしてみせていたのだな、と、大先輩にこんなことアレだけど、感心してしまった。

松村さんはプロレス好きでもあった。彼が一時期推していた天龍源一郎の入場曲「サンダーストーム」も代々木で演奏された。「アイアンマン」の前に。リードギターを弾いたのは高中正義さんであった。

『僕の樹には誰もいない』松村雄策／河出書房新社

宇宙人の水ミルク

「本の雑誌」でＵＦＯ本のことを書いて一体読者の誰が喜ぶのだろう。
でも他のページでも沢山の方々が多様なジャンルから自分の好きな本について書いている。
だから僕も自信を持って好きな本について書けばいいのだろう。

「ＵＦＯ手帖」の最新号が発売になった。

ＵＦＯマニアによる同人誌。今号の特集はチャールズ・ホイ・フォート。20世紀に活躍した奇現象研究家・作家だ。蛙や魚が空から降ってくる「ファフロツキーズ現象」や、人間が体の一部だけ残して炭になる「人体自然発火現象」などの奇現象を、死ぬまで蒐集し続けた彼の研究は後に、奇現象を「フォーティアン現象」、奇現象を好む人を「フォーティアン」と呼ぶまでになった。でも彼の本はあまり売れなかった。「ＵＦＯ手帖」によれば理由の一つは彼の書く文章が難解かつ彼自身にしかわからない詩のようなものであったかららしい。コリン・ウィルソンは彼の文章を「『ひどい』そして『ほとんど読めない』」と評したそうな。そんなひどく

てほとんど読めない幻の作家の特集は、意外にも小松左京の『果しなき流れの果に』との関連についても触れていて面白い。左京先生実はかなりのフォーティアンであったそうなのだ。『果しなき〜』の中にフォートの名前や、著名なフォーティアン現象が多数登場している。フォーティアンの流れの果に小松左京がいた。

フォート特集以外では比嘉光太郎さんのルポ「『喫茶よてあも』跡を訪ねて」も興味深かった。

1959年、UFO研究団体・宇宙友好協会（CBA）の松村雄亮という人物が、桜木町にあった喫茶店「よてあも」で美女宇宙人と二人でお茶をした、という話がある。仏文学者でCBAとも関係していた平野威馬雄がこの事件を著作『宇宙人についてのマジメな話』に書いている。

「この時二人はコーヒーを注文したが、彼女はコーヒーに入れるべきミルクをコップの水についで飲み、コーヒーには手を付けなかった」そうだ。

それこそ詩でも読むようだ。UFO好きには有名（有名なんです）なこの「水ミルク」事件について、比嘉氏が最近跡地を訪ねてみたというルポだ。行ってみるとすでに「よてあも」はなく別の建てものが立っていた……一体そんなルポ、誰が喜ぶのだろうと思いつつ、僕は喜んで読みましたよ。

宇宙友好協会（ＣＢＡ）は日本ＵＦＯ界の黒歴史とも呼ばれるＵＦＯ研究団体だ。

60年代に～もうすぐ地球の軸がぶれて大災害が起こるけれど選ばれた人だけ宇宙人が円盤で助けてくれる～というようなトンデモ怪文書が内部で流れた。救出の際は「リンゴ送れ、Ｃ」との暗号が発せられるとされた。

この終末予告は内部告発者によってマスコミにリークされ、騒動になった。リークしたのは平野威馬雄さんであったと言われている。

ＣＢＡについては、会員であった天宮清の著した『日本ＵＦＯ研究史』に詳しい記述がある。それによれば水ミルク事件以外にも、松村さんは渋谷の喫茶店で宇宙人とお茶しているのだそうだ。

この時の宇宙人は男性で、ミルクを水に入れたかについては書かれていない。

男性は松村氏を円盤に乗せると約束した。ＣＢＡではその日に備えて会議が開かれた。

「そこでの結論は『中古品でもよいから空飛ぶ円盤を一機もらおう』ということになった。もらうだけでは悪いから、こちらからは日本文化の代表として下駄を持って行ったらどうか」

どんな結論だ。

しかし、ＵＦＯ研究史はこの頃まだまだ初期。未知との接近遭遇に対し、どうすべきかわからずにいる人達の、せっぱつまった奇妙なリアル感もあるように思える。

ＣＢＡは松村雄亮という怪人物に翻弄されていった。

そしてついに、彼一人が円盤に乗り込み、「宇宙連合より貸与された核兵器処理装置」によって各地の核兵器を「無効」化する「Ｈ（水爆）対策」を計画する。

明らかな妄想系カルト化である。

そして実際に「Ｈ対策」は行われたそうだ。

でも失敗した。その原因は、ＣＢＡの車が故障して宇宙人との約束に遅刻したからだ。

「円盤は五分間待った後」せっかく助けてやろうとしたのに来ないんならもういい！とばかりにサッサと離陸して去っていってしまったのだそうな。

わずか5分だ。地球人も宇宙人も時間は大事なのだ。天宮本によればＣＢＡは遅刻を猛省したらしい。

「ＣＢＡ幹部による『核兵器無効化作戦』は車の到着時刻が間に合わずに失敗した。そのため、ＣＢＡ幹部は宇宙人側の『核兵器無効化作戦』を支援することになった。それは『車による目的地到着時間厳守』の活動である。彼らは宇宙人の指示に基づき、日本列島を東へ西へと車で走り回った」

この「必死の地上走行」によって円盤が「核兵器施設への無効化作戦を代行してくれる」とＣＢＡは考えたのだそうだ。妄想大迷走である。団体がカルト方向へ一気に加速してしまったている。

時の、端から見たら笑えるけどこれってヤバいよな〜感が『日本ＵＦＯ研究史』には記録されている。

ちなみに必死の地上走行によって「ＣＢＡ幹部の一人Ｎ岸氏は『それまで車酔いに弱かったが、強くなった』」とのこと。やっぱりちょっと笑ってしまうけれど御本人たちはもちろん真剣だったのだろう。

『日本ＵＦＯ研究史』には、〝今から見たらトンデモかもしれないが、あの頃俺たちは本気で宇宙人に会おうとしたんだ〟との、当事者の青春的熱量が溢れている。

僕の歌に「林檎もぎれビーム！」という曲がある。

この題は「リンゴ送れ、Ｃ」をもじったもので、最初は「リンゴ送れ、Ｃ」そのままにしようと思った。でも、元ＣＢＡの方々が「いざ鎌倉！」とばかりに集って来たらどうしよう、と思って「林檎もぎれビーム！」に変えたのだ……こんなＵＦＯどうでもいい話、フォーティアンの蒐集対象にはなりますか？

「ＵＦＯ手帖7.0」Ｓｐファイル友の会
『日本ＵＦＯ研究史』天宮清／ナチュラルスピリット

宇宙人のレモンスカッシュ！

宇宙人と喫茶店でお茶したらコーヒーに入れるべきミルクを水に入れたので驚いた、との話を前回書いた。

水ミルク事件。実は〝宇宙人と喫茶店で会ったら〟という話は他にもいくつかある。

僕が人生で何番目かに好きな本、内野恒隆著『にっぽん宇宙人白書』にも宇宙人喫茶店話が載っている……オールタイムベストが宇宙人本なのもそれどうなんだ、って話だが、面白いんだから仕方がない。乱歩「蟲」やヴォネガット『スローターハウス5』と並んで僕には『にっぽん宇宙人白書』は重要（そういえば『スローターハウス5』も宇宙人本ではあるなぁ）。

『にっぽん～』は、宇宙人に遭遇したという人々の体験談を集めた一冊だ。その手の本はいくらでもあるけれど、78年出版の本書は、当時の人々の「もしかしたら本当にいるかもしれない宇宙人」との、国民総ややビリーバーであった時代の熱気が克明に記されていて実に興味深いのだ。

時代の勢いに乗って、自称宇宙人遭遇者たちが「いくらなんでもそりゃないだろう」というような体験を語りまくる。一冊丸ごとハイストレンジネスの塊だ。異様な読書体験を仕掛けてくる。

この本についてはいろんなところで何度も紹介してきた。中でも多く紹介してきたのは宇野の「クビすげかえ事件」と三原の「宇宙人語録音事件」だ。

前者は岡山県宇野港で74年、あるトラックドライバーが、ふと気が付いたら助手席に座っていた宇宙人に「頭の調子がおかしいので、かわりの頭ととり替えてほしい」とお願いされた事件である。

調子がおかしいのは運転手さんの方ではなかったか？という論は置いといて、後者は75年、広島県三原で寺の住職が、遭遇した宇宙人の声をテープレコーダーに録音、さらに、当時風邪を引いていた住職の、鼻すする音までも同時にレコーディングしてしまったという大事件である。

宇野の運転手さんは親切な人で、宇宙人の首を、宇宙人が持参した別の首と交換してあげた。宇宙人の正体はアンパンマンだったのではないか？　わからないが、61年米国では着陸ＵＦＯの中でパンを焼く者を見たとの目撃例がある。おそらくジャムおじさんだ。三原の宇宙人語は全文が数ページを使って『にっぽん宇宙人白書』に掲載されている。

「ググジャラー　ドバーシャジーラ　アンバッパー　ニギッタ　ベヤッチザーザ」といった意味不明の〝宇宙語〟がめくれどめくれど現れる異常読書体験はしびれちゃうような驚きに満ちている。んん？　でもこれ既視感あるな、前にもこんな妙なもの読んだことあるな、なんだっけ？　相当悩んでやっと思い出した、アレだ。筒井康隆先生の『バブリング創世記』だ。

「ドンドンはドンドコの父なり。ドンドンの子ドンドコ、ドンドコドンを生み、ドンドコドン、ドコドンドンとドンタカタを……」

延々と続く奇妙な言葉の宇宙語波状攻撃に『バブリング創世記』を連想した。また「いいんだ、ググジャラードバーシャジーラなんてのに何ページも使って、本って」本を作る上での自由さにも感銘を受けたものである。

……で、喫茶店だ。

『にっぽん～』の中で77年、札幌の「中野青年」という若者が「ラミューさん」という「異星人」と喫茶店に2回行った、とのルポがある。

中野青年はUFOに関心を持っていた若者だった。ある時「北二十四条駅」で見かけた背の高い一人の男性を「あの人はラミューさんだ」と直感する。そしてラミューさんは異星人なのだと気が付く。唐突に過ぎる。でも思っちゃったんだから仕方が無い。宇宙人との遭遇はきっと恋のようなものなのだろう。

それから中野青年とラミューさんとのコンタクトが始まる。ＵＦＯに同乗したり火星へ行ったり奇想天外な2人の冒険談だ。

でも、読んでいて一番印象に残るのは、2人で初めて喫茶店へ行く件だ。

「ある日の夕方」中野青年は急に後ろから「中野くん」と声をかけられた。ふり向くと、ラミューさんがいた。

ラミューさんは背中近くまで伸ばした髪をオールバックにしたマッチョなイケメンだ。対して「中野くん」は、『にっぽん～』によれば小柄で「素朴な青年」「そのまま何もしゃべらずに終わってしまうのではないかと思われるほど無口」なシャイボーイである。かっこいい異星人にバッタリ会ってドギマギしたであろうシャイボーイは、思わずこう口にする。

「ああ……ラミューさん。お茶でも飲みませんか」

「2人はそのまま近くの喫茶店へ。店内に入ると混雑していたが、なんとかあいている席を見つけ、向かい合わせに座った。

「レモンスカッシュを下さい！」

ラミュー氏は座るとすぐに店の人に声をかけた。

「ぼくも……」

中野さんもあわてて同じものを注文する。」

異星人ってレモンスカッシュ頼むんだ、しかも「！」の勢いで、というのも驚きなんだが「ぼくも……」と合わせた中野くんのしおらしさがなんともかわいいと思うのだ。

それから2人は2つのレモンスカッシュを挟んでお話をする。内容は地球人が異星人の警告を実行していない、というラミューさんからのダメ出しが主だったそうだし、15分くらいで「ラミュー氏は飲みかけのレモンスカッシュを半分ほど残して席を立っ」てしまったのだが……中野くんはラミューさんと喫茶店でレモンスカッシュが飲めて、乙女のようにうれしかったんじゃないだろうか。

彼がそうだとは言い切れないが、宇宙人に会った、円盤に乗ったなどと語ることで、今いる日常から、せめて幻想の分だけでも抜け出したいと強く願う人たちがいる。そう考えた時、退屈な今から空飛ぶ円盤とロマンでもって遠く高く救ってくれる夢の人のオーダーは、そこはほんのり恋に似た甘酸っぱい味が似合うのであろうか。そうか、だから、レモンスカッシュ！

『にっぽん宇宙人白書』内野恒隆／ユニバース出版社

読書の敵は誰だ？

読書の敵は誰だ？

高校時代は教師だった。勉強嫌いで授業中、ずっと文庫本を読んでいたらたまに先生に見つかって取り上げられた。「あ、でも大槻、お前すごいもん読んでるな」取り上げられた本が安部公房の『他人の顔』だった時は妙に感心された。単にＳＦ小説の類として読んでいただけだったのだけど。

その先生には別の授業中にもまた本を取り上げられた。『書を捨てよ、町へ出よう』だった。「ん？　寺山か、『家出のすすめ』は読んだか？　寺山修司はまぁ……ほめたもんかわからんな」と先生はちょっと困った顔をした。

あれから幾年月。現在の僕の読書の敵の一つはスマホだ。

わかりやすい敵だ。「本の雑誌」の読者の方々に何か申し訳が無い。そうは思っても、本来なら読書をするようなタイミングでついついスマホをいじってしまうのだ。特に、ツイキャス

などでさまざまな人々が日常の空間からリアル配信している様子をけっこうな時間ずっと観てしまう。まったくの素人さんからアイドルまで有名無名問わず一人一放送局時代となって配信している。面白い事を話している人はあまりいない。コンカフェのメイドさんなら「今日カラコン入れてないんですよぉ」「ネイル変えてみたんだよねぇ」とか大体そんなんだ。でも観てしまう。

他人の日常をゴロ寝しながら手元でリアルにノゾキ見るという非日常的日常の行為に、なんというか、それこそ寺山修司の言った「政治を通さない日常の現実原則の革命」のような〝演劇実験室〟のごとき前衛性を僕は感じるのだ。それでついついスマホを……って、いやそれ、ハタから見たなら単にノゾキ趣味ってやつですかねぇ。

有名な話だが寺山もノゾキ趣味であった。中森明夫著『TRY48』によれば寺山修司が「1980年、渋谷の路地裏でアパートの一室をノゾいたとして逮捕され」たとある。『TRY48』は、寺山修司が85歳で現在も生きていてアイドルをプロデュースしたら、という仮想小説だ。果たして育成したかはわからないが、生きていたならきっと〝演劇実験室〟的な、そしてノゾキ趣味的興味を持って配信を観たのではないか。

配信のチャンネルの中には音声のみのアダルトなものもある。男でも女でも、配信者が性的な事を語り、それにリスナーたちがそれぞれコメントで応え、逆に配信者を煽り、音声と書き込みで性的空間を共有していく、というものだ。それこそ昔の寺山の本や演劇に出てきそうな孤独者たちのアングラ交信なのである。

聴いていたらある時、配信者の女性が配信途中で寝てしまった。煽っていた投稿者たちは「おいどうした?」「そんなもんかい」などと最初はサディスティックなコメントを続けていたが、女性がついにスースーと寝息を立てて本格的に寝てしまうと「……これはこれでいいかも」「つかれたのね」とトーンダウンし、しばしの後、一人がこう書き込んだのだ。

「よし、今夜は、もう解散」

それを見て投稿者は一人また一人、次々とその場を離れていった。そして女性の静かな寝息だけが残り、やがて時間切れでブッツリ配信は終わった。僕は深夜一人スマホを握りしめて「これ本当、寺山修司っぽいよな」といささか感動したんですけれど、伝わらないかなぁこの寺山修司感?

そもそも僕の寺山修司感が間違っているのかもしれない。ほめたもんかわからないんですけれども、個人的寺山修司目線(なんだそりゃ)でもってこのところ連日スマホをノゾキ見ているのだ。

コンカフェの配信などは日に多数ある。沢山のコンカフェ嬢が次々現れその誰もがとても元気いっぱいで若々しい。たまに彼女らは音楽に乗って踊り出す。またこの踊りがとにかく実にパワフルでキレキレだ。しかも3曲、4曲とフルで踊って息も切れない。圧倒される。「ああ、若さ!! いいなぁ素晴らしいな。ん？ でも待てよ」この無尽蔵のスタミナ、タフネス、昔どこかでよく観たような気がする。なんだっけ、誰だっけ？ あ、思い出した。

「ジャンボ鶴田だ」

スタミナとタフで知られた昭和のスター・プロレスラーである。長州力とフルタイムで闘った直後も、まったく息切れもしていなかったというあのスタミナ超人・ジャンボ鶴田のタフを僕はコンカフェ・ダンス配信に思い出したのである。

このジャン鶴嬢たちの無限スタミナの素晴らしさは本当に見事だ。今のところどんな本も彼女たちの求心力にはかなわないほどだ。

最近「江戸川乱歩と名作ミステリーの世界」という選書の推薦人に選んでいただいたので、乱歩や夢野久作の『ドグラ・マグラ』や小栗虫太郎の『黒死館殺人事件』など再読しようとしているのだが、ついつい本より〝スマホの中のジャン鶴〟の方に目を奪われてしまう。

現在、僕の最強の読書の敵は掌に収まるジャンボ鶴田たちなのだ。

「ジャンボ鶴田VS『ドグラ・マグラ』」
「ジャンボ鶴田VS『黒死館殺人事件』」
「ジャンボ鶴田VS『奇巌城』」

等々、スマホの中のジャン鶴対読書の激しい闘いが続々予定されている。あ、そう、この選書シリーズにはルブランも入っているのです。いいシリーズなのでどうぞよろしくお願いします。

読書の敵、ジャン鶴を含むスマホからの配信。そこには、ただとりとめなく書きつづった私小説を読むような奇妙な魅力が僕にはある。でもその魅力を上手く説明することが出来ないし単にノゾキ趣味みたいなものなのかもわからない。

先日は若い男のコが今の自分について悩んでいるというリアル配信を観た。「時間はある。家もある。でも何をしたらいいかオレ、わからないんですよねぇ」

〜本を読んだらどうかな？　そんな時は。と思わずコメントしそうになった自分がいた。『家出のすすめ』『書を捨てよ、町へ出よう』と、具体的な書名も浮かんだ。読書の敵に、読書をすすめるという行為「それ寺山修司っぽいな」とまた思ったんだけど、どうかな、わからんな。

『ＴＲＹ48』中森明夫／新潮社

『痴女の誕生』はスカッとするホームラン

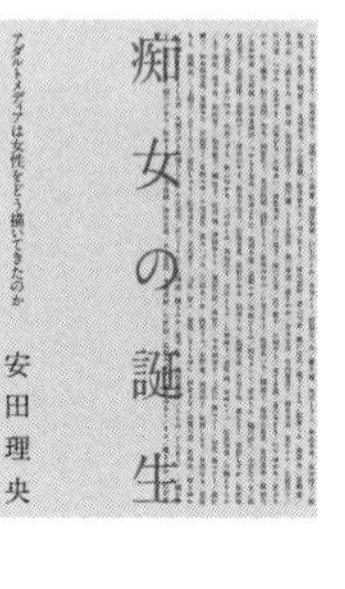

野球のことは知らない。

『アストロ球団』や『侍ジャイアンツ』を読んだ思い出があるくらいだ。知らない上に知ってる知識が「ジャコビニ流星打法」や「大回転魔球」というのがまた無知の涙なわけである。

しかしそんな身分の者にも大谷翔平選手のスゴさはよくわかる。たまたま点けたテレビのＷＢＣで彼がスカーン！とホームランを打った時、一瞬にして彼の野球の才能に圧倒されてしまった。もちろん努力もしているだろう。でも、まずこの人には持って生まれた、何かから授かった野球の才能が恐しいほどにある。

才能、と言えば最近、安田理央著『痴女の誕生』という本を読んで、思うところがあった。

２０１６年発売のこの本、入手したはいいが、タイトルに恐れをなしてずっと読んでいなかった。

最近、世間がＷＢＣの話ばかりしていてつまらないので、本でも読むかとふと本書を開いたら、とても面白かった。

アダルトビデオの歴史をまとめた一冊である。本書の結論を簡単に言えば、現代のリアルのセックスはAVのセックスにかなり影響を受けている、ということではないかと思う。そりゃ、ま、そうでしょう、ということなんだが、AVの黎明期と少年期がドンピシャで、代々木忠監督や村西とおる監督の初期AVを夢中で鑑賞し、あまつさえ村西「全裸監督」の名台詞「お待たせいたしました。お待たせしすぎたかもしれません」をリアルタイムで聴いた1stAV世代としては、徹底的なリサーチによって綴られた本書は貴重にすぎる一冊である。

ちなみに僕はかつてテレビで「コッポラの映画より影響を与えてくれるAVもあります。例えば村西とおる監督作品です」とコメントしたところ、後になって村西監督から～あの頃借金を抱え死さへ考えていたが、大槻さんのその発言を観て生きようと考え直しました～とのお礼の手紙をいただいたことがある。オーケンがいなかったらドラマ「全裸監督」は誕生しなかった⁇

「アダルトビデオの誕生」「アイドル化するAV女優」「増大する熟女マーケット」「男の娘ブームの到来」等々、興味深いテーマがズラリ並ぶ中で、最も気になったのは第四章「痴女は女が作った」である。

AVでいう「痴女」とは超絶的に淫らで、時に「男性を責めることで興奮する女性」である。

その原点の一つはやはり1986年の村西監督作品「SMぽいの好き」の主演女優・黒木香であろう。「黒木の腋毛か腋毛の黒木か」の名台詞を残した彼女によって全国的に発見された「痴女」は、その後さまざまな変遷を遂げてついに、超絶的に淫らであり、時に卑猥な言葉を湯水のごとく並べ立て男性を責め、そして自らも白目を剝いて痙攣する、というジャンル・スタイルに完成していった。

卑猥な言葉で責め立てる行為を淫語とも呼ぶようだ。何作か拝見したことがあるがそれは見事としか言えない話芸であった。淫語の達人と呼ぶべき女優さんが何人かいる。まるでフリースタイルラップのように延々と流暢に卑猥な言葉を語り続け止まることがない。カンペを読んでいる様子もない、アドリブで語り続けているのだ。言葉のインプロビゼーションとして圧巻だしトランス状態で語り続ける様子は青森のイタコを見るかのようだ。神がかっている。もちろん努力もされているのだろうが、天才だ。

目撃した天才たちの中で僕が一時期興味を持ったのは、Yさんという女優さんであった。Yさんの刮目すべき点はその顔芸である。泣いたり笑ったり怒ったり、人間のあらゆる感情を性行為の最中に顔面の表情で作り続け、妙な例えであるが、その巧みさは野口五郎の「真夏の夜の夢」歌唱のモノマネをする芸人コロッケに匹敵すると思った。

映画「シャイニング」のニコルソンとシェリー・デュヴァルを一つの顔でやってのけている、

と言っても過言では無いだろう。一人シャイニング状態の果てに彼女はＡＶ中にエクスタシーに達する演技を見せるわけだ。その瞬間に至るまで、至る時の、人格が崩壊することで解放されるカタルシスの表現が、また本当に素晴らしい。理性や常識、道徳を失って初めて誕生するのかもしれないこの世界からの解放、宇宙への飛翔、高次元へのアセンション、そういった幻想を、彼女は白目や痙攣によって見事に表してみせるのである。

だがしかし、僕がＹさんを本当にすごいと思ったのは、それら性的シーンよりも、間に挟まれた、ドラマ風のシーンを観たからであった。

ある作品の中で彼女が真面目な会社勤めの女性役として登場、台詞を語っていた。その、芝居が、メリル・ストリープほどには達者ではなかったのだ。つまり、下手だった。

「あ？ え、となれば……」

となれば、こういうことだ。

彼女には圧倒的な才能がある。何かから授けられたシャイニングを持っている。芝居だ。演じてみせる力だ。しかし、その才能は演技全般に対してではないのだ。痴女を演じる演技に限られたものなのだ。超絶的に淫らであり、時に「男性を責めることで興奮」し、その果てに白目と痙攣で自ら人格崩壊に至り、視聴者に社会ルールからの解放感を与えてみせるという。無論努力もされているだろうけど、痴女を演じる才能……痴女の才能、彼女はそれを授かり持って生まれてきたのだ。

「才能って一体なんだろう」

とつくづく『痴女の誕生』を読んで考えてしまった。

もし、神であるとか天であるとかそういったものが存在していて、運命のルーレットをクルクル回しているのだとしたら、なぜ神はそこに「痴女」という枠を作りたもうたのか。

それはどれくらいの大きさの枠なのか、すぐ隣が「野球」の枠だったりすることはないのか？

痴女の才能を人はどう捉えるべきか。

「痴女を演じるには才能が必要なのだ。痴女役に挑戦したものの、うまくできずに現場で泣いてしまったという女優の話もよく聞く」

と本書にある。その才能に恵まれなかった人生に涙を流す。「う〜ん」となって本を閉じた時、スカーン！と大谷がそれは大きなホームランを打つ。

『痴女の誕生』安田理央／太田出版

『デス・ゾーン』の極私的読み方

2023年6月で筋肉少女帯がメジャーデビュー35周年を迎える。

35年前の僕はプロレス好きでオカルト好きなお調子者の若僧であった。そんなやつが時代の波に乗せられて気付いたら世の中に放り出されていたのだ。

1988年。同期にエレカシやジュンスカイウォーカーズがいる。本で言えば例えば桂三枝の『あなたは3日間で巨人軍と別れられる』がベストセラーになった年だ。どんな例えばだそれは。村上春樹が『ダンス・ダンス・ダンス』を発表した昭和63年だ。

「和弥、B'zも88年デビューだってよ」

「へぇ、じゃ35年記念にジュンスカ筋少B'zで『Get Wild』やる?」

「僕らはいいけどB'zはやってくれんだろ」

先日、某所でジュンスカの宮田和弥君に会い、そんなことを言って二人で笑った。彼は同期の同い歳。会うと気持ちが一瞬で35年前の若僧時代に戻る。

その帰り道、書店で『デス・ゾーン』の文庫本を見つけ即買った。

単行本も持っている。抜群に面白いのだ。

河野啓著『デス・ゾーン　栗城史多（くりきのぶかず）のエベレスト劇場』は、ここ数年に読んだ本の中でも特に印象に残っている。開高健ノンフィクション賞を受賞した２０２０年の作品だからすでに読んでいる読者も多いだろう。


個人的にはこの本の特に3つのポイントが大好きだ。


まず一つは本書のかくし味にプロレスがあるところだ。

『デス・ゾーン』は、登山についてほぼ素人同然の栗城史多という人物が、何を思ったかエベレスト単独無酸素登頂にチャレンヂし始め、その様子をネットで配信、視聴者と体験を共有して一時は人気者となるが、登山技術の拙さで失敗を連続し、炎上。やがて人々から「下山家」と揶揄され、それでも登山を試みるが凍傷で指9本を失い、ついに35歳の若さで滑落死するという衝撃的で悲惨な結末を迎える。読み終えてガーン！と言葉を失っていると、直後の単行本あとがきで、著者がいきなりプロレスのことを書きはじめるのだ。タイガーマスクだ。

「栗城さんはタイガーマスクに憧れていたのかもしれない」


栗城さんが学生時代などにタイガーマスクの覆面を被っておどけたことがあったらしい。生前のほほ笑ましいエピソードの一つかと思えば著者にとっては重要なポイントであるようだ。

「栗城さんの死後、その足どりをたどりながら、私は彼とタイガーマスクの話をしなかったことを少し悔いた」「栗城さんがタイガーマスクの覆面を被ってエベレストに挑んでいる姿まで空想した」とまで書く。

どうも……これは僕が一時期プロレスマニアだったからピンと来たことなのだけれど、河野さんは、栗城史多という人物を、一人の覆面レスラーとして読み解き、プロレス特有の虚と実のうらはらを彼に見出して、抽出し、まとめあげ、変な言い方だが、特にプロレスファンに面白がってもらえるようにこの本を書いていると僕は感じたのだ。

そもそもタイトルの「エベレスト劇場」とは、大仁田厚が試合後のインタビューなどで過剰なパフォーマンスを行い自分を中心に周囲を演劇化してしまう現象「大仁田劇場」から来ているのではないか。違う⁇　リングをエベレストに置き換えた悲劇の覆面レスラーの伝記として『デス・ゾーン』はまず興味深い。

そして2点目は、本書が個人的にはオカルト本としても読めるところだ。

何度もオカルティックエピソードが飛び出してそれがまたプロレス同様に読ませどころになっているのだ。例えば登場する脳科学者が、栗城さんがエベレストで「雪女」と会ったとのエピソードを語り出す。「チベットの女性の顔立ちで、髪が長くて、その髪がアニメーションのように、ふわーっと波打っていて、ああ、って思った瞬間に、栗城さん、人生で初めての、夢精、をしたって言うんです」

オカルト的は他にもいくつも出て来る。栗城さん自身がかなり、スピリチュアル寄りな人ではあった。一時期彼を支持した人々の多くも、スピ系ビリーバーの傾向があったように読める。そして、ネタバレになるのでくわしく書けないのが残念だが、本書のオチとなる「最終幕単独」の章が、どうだろうオカルト&スピな内容とも読める。「これ「ムー」か⁉」と思うような話になって、またそのムー的展開を、著者が自らの行動によって引き起こしているのだ。プロレスに続いて、オカルト特有の虚と実のうらはらを読者に演出してみせているようにも思える。もしかして本書はオカルトファンにも面白がってもらえるように意図的に書かれている（と僕は思うんだけどね……）。

プロレスとオカルト。そして本書の魅力は個人的にもう一点。それは栗城史多の若さとバカさの憎めなさだ。

無敵感に溢れた無知。何者にでもなれるという勘違い。陽気で無力なお調子者の若僧だ。登山の知識など無いのに無謀な挑戦をぶち上げ「ボクの理想はマグロです。少しの酸素でいつまでも泳いでいられるマグロのような体を作りたい」なんてこと言う。結果、指9本を失い滑落死してしまった。若さバカさの悲劇。それでも著者と、栗城さんをよく知る人は本作の中で彼を「おめでたい人ですね」「そうなんです！　彼、おめでたいんです！」とフォローする。憎めないのだ。あきれるけれど、人によっては昔の自分を思い出すからだ。

まとめるとつまり僕にとっての本書は、プロレスでオカルトでおめでたいくらいに調子のいい思慮深さの一片もない若僧が時代の波に乗せられた話だ……って、あ、それ「1988年のオレそのものじゃん」と『デス・ゾーン』を読んで思ったのだ。

昭和63年の僕は、まさにそんな若僧だった。たまたま運よくそれから35年やってこれたが、いつ滑落死してもおかしくなかった。だから、読んでいてつい『デス・ゾーン』の栗城史多に自分を重ねる。そうすると、ゾッとしたり彼をかわいそうに思ったり、で、あとそうだな、一度一緒にカラオケでも行ってみたかったなとか思う。曲はアレだやはり「Ｇｅｔ Ｗｉｌｄ」。

『デス・ゾーン　栗城史多のエベレスト劇場』河野啓／集英社文庫

前回の「シーラ・イーストン的」部分

深夜に「あゔぐ!」と絶望的うめき声を発してしまった。

JUN SKY WALKER(S)の宮田和弥君のラジオ番組を聴いていた時の事だ。この日の放送は事前の収録で、ゲストは僕だった。和弥君とはデビューが同期。同じ88年デビューにB'zがいる。それで冗談に〜筋肉少女帯とジュンスカとB'zで同期セッションやろうか〜と僕が収録中言ったのだ。すると和弥君が「『ウルトラソウル』やるか」と応えた。アハハ、とラジオの前で僕は笑って、一呼吸置いてから……あ!「あゔぐ!」と絶望的うめき声を発してしまった。

「そうだよB'zの代表曲は『ウルトラソウル』だよ『Get Wild』じゃない!」

前回、僕は和弥君とのラジオでのやり取りを文章に書いた。その時に、なんということか〜筋少ジュンスカB'zで、B'zの「Get Wild」をセッションするかと言った〜というような事を書いてしまったのだ。

言うまでもなく「Ｇｅｔ Ｗｉｌｄ」はB'zの曲ではない。ＴＭ ＮＥＴＷＯＲＫの大ヒット曲だ。常識だ。「ウルトラソウル」も「Ｇｅｔ Ｗｉｌｄ」も国民的ロックナンバーであり、仮にも音楽に携わっている者がそれを取り違えるなど『犬神家の一族』は江戸川乱歩の代表作」と書くレベルの大失態だ。「蠟人形の館」を筋肉少女帯の代表曲と紹介するがごとき大勘違いだ。お前も蠟人形にしてやろうか!? グワハハ!!

デーモンさんのモノマネをしてる場合ではない。しかも前回、文章のオチにまでドヤ顔で「Ｇｅｔ Ｗｉｌｄ」と書いているのだ。「わ〜、間違えた!」恥じ入り、落ち込み、そして僕は同時に、ある名前を深夜に思い出したものだ。

「……シーラ・イーストンしてしまった……」

シーラ・イーストンとは誰か?

かつて雑誌「宝島」に、新聞、雑誌、広告その他の誤植、間違いなどを読者が投稿する「ＶＯＷ」というコーナーがあった。「ＶＯＷ」はやがて単行本化され『まちのヘンなモノ大カタログ 現代下世話大全』として大ヒット。その後続刊が次々と発表された。

その『ＶＯＷ』第一弾の中に、80年代のポップスター、シーナ・イーストンの熱唱する写真が載っていて、その脇にデーン!という感じで「シーラ・イーストン」と印刷された記事が読者から投稿されているのだ。

記事を読むと「今、世界のミュージック・シーンの中で、もっともセクシーな歌手といわれているかが、シーラ・Eである」とあって、これは明らかに、シーナ・イーストンと、歌手で打楽器奏者のシーラ・Eとを混同したミスだ。大勘違いである上に、この記事の内容がヒドくてとても同情する気にならないのがポイントなのだ。「一部のファンは『シーラ・Eのパンティなら100万円で買う』」と言っているというようなヨタ記事で「そんなこと書いてっから大誤植やらかすんだよ！」と誰もが思う。ちなみに「シーラ・Eも『それなら、1000枚ぐらい売ろうかしら』」と言っているのだそうな……言うわけあるかっ。

『VOW』史上に残るバカらしい案件である。「シーラ・イーストン」の名は勘違い、書き間違えの代名詞として『VOW』読者には有名だ。そこで僕は今回のB'z↔TMN取り違い事件を深く反省するために、シーラ・イーストンを今一度見つめ直すべし……と決意し、先日『VOW』を読み直したのだ。でも反省するどころか面白くってゲラゲラ笑ってしまった。

爆笑ものの誤植、勘違いを挙げていったらキリがないので、音楽に携わる者としてロック関係の案件をいくつか拾うなら、たとえばストリート・スライダーズのギタリストを「歯丸」と書いている記事があるがそれは「蘭丸」の間違いだ。誰だ歯丸さん。アハハ。あとポリスの曲名を「高橋教師」としている記事は正しくは「高校教師」だ。高橋先生だったのか。何で知ったんだ。ウハハ。他にも音楽雑誌の記事だろう「ウワサを呼んでるって感じの4年COMET

S」とあるのは「千年COMETS」の間違いでバンド名が996年足りていない。ゲラゲラ。あと筋肉少女帯も出るとあるライブ記事に「ちばかぶり」出演と記載されているが正しくは「ばちかぶり」である。「かぶるなよ、千葉を」という『VOW』編集部のコメントにまた爆笑。極めつけはスポニチの記事にあったという間違いで、爆風スランプや南こうせつと共に「チチマグナム」なるものが紹介されている。チチマグナム？なんだそれ⁇　あ、わかった。44マグナムだ。ジャパニーズ・ヘヴィーメタルのパイオニア的バンドをチチマグナムってゲラゲラ。

はっ、笑っている場合ではない。どんな落ち込んだ時も必ず楽しい気分にさせてくれる『VOW』は、古書店で見つけたら集めていきたいシリーズだと深夜に思ったのだけれど、そんなことより「Get Wild」問題だ。

B'zとTMNを取り間違えるなどそもそもボケてる僕は仕方ないとして、なぜ「本の雑誌」側でスルーしてしまったのだろう？

不思議に思い翌日編集部に連絡を取ったところ〜もちろん「ウルトラソウル」も「Get Wild」もわかっています。でもあの部分は、筋少とジュンスカとB'zの3バンドでTMNの「Get Wild」をセッションしては、という意味なのではないのですか〜との返答。

ん？え？あ、なるほど！

この時、最新号はまだ発売されておらず僕の手元にすでに原稿はなかった。それで最新号が出た時に確認したらば……あ……まったくその通り。「B'zの『Ｇｅｔ Ｗｉｌｄ』」とは書いていなかった。筋少ジュンスカB'zでその曲やろうと和弥君が言ったというように読めるのである。

セーフ。それこそ僕の思い違いでした。ホッ。お騒がせしました。ただ僕が、和弥君がラジオで「ウルトラソウル」と言ったのを「Ｇｅｔ Ｗｉｌｄ」と言ったと聴き覚え違いしたことは事実なので、そこはおわびいたします。間違えました。前回のそこはシーラ・イーストン的部分ですね。

『ＶＯＷ』月刊宝島編集部編／宝島社

獄門舟（船）問題

「黄金虫問題」が熱い。

ポー「黄金虫」を「こがねむし」と読むか「おうごんちゅう」と読むべきか、他にも諸説あると「本の雑誌」23年6月号にある。発端は5月号の読者葉書からのようだ。6月号北村薫さんによれば「おうごんちゅう」という読み方を定着させたのは講談社版の影響で、その訳者はかの江戸川乱歩であるとのこと。

「大乱歩（おお）の登場に、思わず、《江戸川屋っ！》と、声をかけたくなります。」と北村さんは書いている。訳者としては乱歩は名前貸しだけだったようだが、チェックくらいはしたはず。その時に「こがねむし」でなく「おうごんちゅう」にＯＫを出すあたりさすが大乱歩らしいチョイスだなぁ、と感心した直後、僕は「ん？」と目を「本の雑誌」にグッと近づけた。

「……『大乱歩（おお）』？　『大乱歩』って『大乱歩（ダイ）』って読むんじゃないんだ」

同じ驚きを持った方は他にもいたようだ。7月号「三角窓口」に「わたしは長らく「大乱歩（ダイ）」

と読んでいました」との投稿がある。これに▲さんも「そういえば、私も「ダイ」だと…」と返している。少なくとも僕を含め3人は大乱歩と読んでいたのだ。風雲急を告げる「黄金虫」「大乱歩」の読み方問題である。

でも、僕にはその二つもさることながら、他に一つ気になる読み方問題があったのだ。

それは「獄門舟（船）問題」だ。

「獄門舟（船）」とは何か？

江戸川乱歩の長編「魔術師」に登場する無惨で奇怪な一艘の船である。

怪人・魔術師に殺された男の生首が、はだ寒い秋の朝、大川の白鬚橋あたりに流されてくる。寒中水泳の人が首だけ水面に出して泳いでくるのかと人々が見ていると、どうも違う、生首だ。そして首が何かの上に乗っている。引き上げるとそれは「舟に擬したもので、その船首に当たる個所には、船名のつもりか、筆太に『獄門舟』としるされてさえいた」。

乱歩「魔術師」を初めて読んだのは僕が小2の時だ。ポプラ社少年探偵シリーズの29巻。同シリーズは1〜26巻までが乱歩が子供向けに書いた二十面相もので、27〜46巻は、乱歩が大人向けに書いた作品を、乱歩以外の者が子供向けにリライトしたものであるという。でも著作権の問題で、ある時から27〜46はシリーズから外された、と言われている。僕が子供の頃はまだ普通に売っていて、僕はうかつにも小2でこの生首どんぶらこを読んでしまった。

それはもうショック体験で、子供心に「小2にこんな残酷なもん読ますんじゃないよ。変な影響受けちまうだろっ」と怒りさえ感じたほどだ。そして読了するとすぐジャポニカ学習帳みたいなノートに鉛筆でバラバラ殺人ものの推理小説を書き始めた。変な影響を受けたのだ。

その後の僕の猟奇趣味を始め読書傾向その他も決定づけたのはこの生首どんぶらこなんである。だからたまに「本との出会いは？」などという質問を受けると必ずこの首の話を出す。

ところが肝心の「獄門舟」というワードを言おうとすると「えっと……〝獄門ぶね〟いや〝獄門せん〟かなぁ」ちょっと口ごもってしまうのだ。

乱歩のオリジナル「魔術師」には「獄門舟」とある。「舟」は「ふね」と読むから「獄門舟」は「ごくもんぶね」と読むのが正しいのだろう。でも僕の記憶では「舟」ではなくて「船」なのだ。「獄門船」のはずなのだ。読み方は「ごくもんせん」である。子供の頃そう読んだ思い出があるからつい口ごもってしまう。

果たしてオリジナルの読み方はどうなっている？

２００４年版の春陽堂の文庫では本文中「獄門舟」とだけある。ルビはない。カバーのあらすじを読むと「首をのせた板には『獄門舟（ごくもん）』とかかれていた！」とあって知りたい〝舟〟のとこにルビがなかった。

「ではポプラ社版はどうなってただろう？」子供向けならルビもふってあるのではないか？

乱歩が書いていないにしても、チェックくらいはしただろう。そう思って古書店で少年探偵29巻を購入。何十年ぶりにポプラ社版『魔術師』を手に取り、目次を開いたところ第七章「獄門船（ごくもんせん）」とバッチリ書いてあった。

おお、やっぱり「ごくもんせん」じゃないか。なるほどオリジナルは「獄門舟」で、リライトで「獄門船」に変えたのか。そっちを覚えていたのだな。と思って第七章の55Pを開いたところ、アレ？

「首をくくりつけた、舟の形をした板をしらべてみると、その船首にあたるところに、船名のつもりか、墨で黒々と『獄門船（ごくもんぶね）』と書いてある」と記されてあった。

「獄門せん」VS「獄門ぶね」どっちやねん？

おおらんぽ、またはダイらんぽに真の読み方を聞いてみたいものである。

でも、もうどちらでもいい気もする……なぜって？　今回読み比べてよくわかったのだ。ルビごときが気になるのは老眼鏡をしている時だけなのであって、メガネをうっかりどこかに忘れた時はごくもんせんでもごくもんぶねでもおおらんぽでもダイらんぽでもこがねむしでもおうごんちゅうでも……別になんでもいいのだ……だって見えなくて読めないからねっ。

……それより今回読み比べて驚いたのは、生首どんぶらこの場面が、大人向け乱歩オリジナルよりも、子供向けリライトの方が、派手に描写されていた点だ。

乱歩版では案外スムーズに生首が川から引き上げられるのに対し、子供向けでは直前に「うわっ！　ありゃ首だけだ！」「首だ！　首だ！」「板に首がのっかってるんだ！」と！マーク連続でもって、見物人たちの台詞が付け加えられて騒動をやたら盛り上げていたのだ。なるほど僕が人生的衝撃を受けたのは、このリライトによる一呼吸置いた盛り上げのためでもあったのかもしれないな。もし初遭遇が乱歩オリジナルの「魔術師」の方であったなら、わりとアッサリ読んじゃって、読了直後にバラバラ殺人の小説を書き始めたり、大人になっても小説を書いたりしなかったんじゃないかな、とも思ったり。すると僕にとっては大乱歩版ではなく子供向け「獄門船」こそが原典だ。昔の記憶のままに、ごくもんせん、とあえて読みたいのだが。

『魔術師』江戸川乱歩／ポプラ社

コナン・ドイル現象とエクソシストの粋なはからい

オカルト編集者の角由紀子さんとイベントに出演した。

その時に角さんが呪物をいくつか持ってきた。呪物とは名の通り呪いや怨念がこもっているとされる品々のこと。最近は展示会も開かれるなどちょっとしたブームになっている。

その日、角さんが持ってきたのは呪いのこもったとされる石の球と、室町時代の人斬りがかぶっていたお面。

後者はそれを見る前に必ずシナモンをなめて魔よけをしないといけないという。「……シナモン?」なんで?どしてシナモン? 素朴に謎なんだが呪われるよりはいいかと、出演者もお客さんも全員、角さんの言われるままに、角さんの持参したシナモンの瓶を手にフリフリ、ペロペロなめたものである。甘い香りと味がした。魔よけの品がラー油やハバネロでなくてよかったな～と思いました。

角さんがSNSで薦めていた本『私の遺言』佐藤愛子著が面白かった。

数々の文学賞を受賞した愛子先生が51歳の時に北海道に家を建てたところ、そこに霊現象が多発。それで数々の霊能者たちにアドバイスを受けたりしている内に怪異の原因はどうやらアイヌの霊の怒りによるものだと先生は気付く。そして同時にこの世とあの世の真理も理解していく……まぁ、たまにある、知的で立場のある人がその真面目さゆえかスピリチュアルにハマるという〝コナン・ドイル現象〟（今僕が名付けました）かなと。

しかしドイルもだけど高名な作家が書いているので圧倒的に読ませるのだ。霊現象が始まって愛子先生がまず電話で相談したのは美輪明宏さんであった。すると美輪さんが「佐藤さん、あなたたいへんな所に家を建てなすったわねぇ」とやおらテキトー……即妙にテレホン対応するところから、沢山の霊能者が先生のところに集ってきて先生を食いもの……いや、ヘルプしていく様子がノンストップ一気に描かれている。

中でも霊媒師の「榎本氏」と「マゴザ」という名の男が憑依した「大西氏」との招霊会話が克明に再現されているシーンは、二人のかけ合いが見事にツッコミ・ボケのコンビ芸として完成されていて興味深い……なんだろう、間がコント55号を思い出すなぁ。榎本氏が欽ちゃんで大西氏が二郎さんか。

また、アイヌ霊を鎮めるため「カムイノミ」という儀式を行うことになり、町で「唯一人のアイヌの長老」に頼むのだが、儀式当日になって突然、長老が「出来ない」とただ一言放ってさっさと帰ってしまう場面なども、よくできたホラー映画の、さらなる恐怖を予想させる演出みたいで面白い。

おそらく愛子先生は自分に降りかかる奇現象の数々を、ガチで怯えつつも、「でもこれ他方からみたら笑えるよな」との、作家としての俯瞰の視点で読者にエンタメとして提供しておられるのだろう。

特に、霊能者の話をとにかく信じてしまう自分と、話のテーマとしてここにアイヌを持ってきたいと考える作家としての発想を、一見霊能者主導のようにみせて、実はコントロールしながら「アイヌの呪いの家の物語」という読みものに結実させているところが作家の技術だよな～と恐れ入りました。

……もう一冊、角さんの紹介で知った本『日本一の幽霊物件　三茶のポルターガイスト』も面白かった。

こちらは三軒茶屋の老朽化したビルに横澤丈二さんという劇演出家の方のやっている「ヨコザワ・スタジオ」という劇稽古場があって、そこにほぼ毎日幽霊が出るというルポだ。

本当に、連日出るのだそうだ。ラップ音、ポルターガイスト。そして〝手〟が出る。天井などから白い手がにゅ～っと出てきて指をくねくねさせるのだ。驚くべきはこの白い手が何度も映像に捉えられていることだ。

「三茶　白い手」で検索したら動画が沢山出るので観てみて下さい。個人的には昔少年チャンピオンで連載してた古谷三敏の漫画『手っちゃん』を思い出す白い手で驚く。

その真相はともあれ『日本一の幽霊物件』には、著者・横澤丈二さんの生い立ちも記されている。正直、霊現象よりこちらの方が面白かった。

横澤さんは子供の頃から他人には目に見えないものを見てしまう体質だったそうだ。そのためイジメにあっていた。そんな横澤少年が「唯一友達だと思えるもの」は、映画「エクソシスト」であったとのこと。映画のCMを観て「『自分に近い世界があるんだ』と一生懸命に映画が説明してくれているように思えて」感動。公開を心待ちにした。ウィリアム・ピーター・ブラッティの原作も読んで備えたとのこと。70年代前半だろう。僕も同じ頃に「エクソシスト」原作を手にしている。だから勝手に親近感も抱いたものだ。しかも彼が興味深いのは、「エクソシスト」への愛が昂じて、「いつか日本で『エクソシスト』を舞台」化したいと願い、1990年代からブラッティに毎月手紙を送り続けたことだ。もちろん無視されたのだが、なんと2000年、ブラッティから「君はクレイジーだよ」と返信が届く。さらに翌年、ブラッティの自宅へ招待されたのだ。モネの原画が飾ってある白亜の豪邸でブラッティは横澤さんの本気を信じたのだろう、横澤さんに言う。「丈二、これは努力賞。まめに手紙を送ってくれて10年目でやっと会えたんだから。上演権は渡す」そして5000万~1億円は要求されるのだろうと思った横澤さんにブラッティは、「5000ドルだけ送金してくれ」とこともなげに言った。わずか45万円だ。「『一応、お金は発生させないとね』とブラッティ氏はにこやかに微笑んだ」とのこと。粋だぜブラッティ。

まさか『日本一の幽霊物件』を読んでいて〝エクソシストほっこりいい話〟にジンと来るとは思わなかった。よかったですね横澤さん。

……ちなみに呪物。お面の方はシナモンで魔よけしたのに、角さんが呪いの石の球の方をドシーンと床に思い切り落っことしたんでコワかったです。

『私の遺言』佐藤愛子／新潮文庫

『日本一の幽霊物件　三茶のポルターガイスト』横澤丈二／幻冬舎文庫

笑って死ねたら最高さ！

ふと思ったのだが「本の雑誌」の読者はどんな音楽を聴くのだろう？

本が好き、という共通の趣味で集った面々なわけであるけれど、必ずしも音楽の嗜好が同じとは思えない。もしかしたら「筋肉少女帯を聴きます」と言ってくれる人もあるかもしれないけれど、「いえ私は鶴岡雅義と東京ロマンチカのファンでして」という人もいるやもしれない。「あ、サザンとユーミンです」という、フツーな（フツーが悪いわけではありません）リスナーも多いだろう。それに反して「私はプレミアータ・フォルネリア・マルコーニ一筋です」などというイタリア・プログレおじさんもいたりするのかも。そんな彼氏の愛読書が山本周五郎だったりのギャップがあったりして。わからないが、一度「三角窓口」で好きな音楽アンケートを見てみたい気もする。

ジャパコア……ジャパニーズハードコアパンクのリスナーは「本の雑誌」読者にいるのだろうか？

一人もいないんじゃないのかなぁ、という気もする。以前に本連載で取り上げたＩＳＨＩＹＡ著『ＩＳＨＩＹＡ私観―ジャパニーズ・ハードコア30年史』『右手を失くしたカリスマ ＭＡＳＡＭＩ伝』で紹介した通り、ひたすらに攻撃的でノイジーなサウンドスタイル、ライフスタイルの音楽ジャンルだからだ。～読書のＢＧＭに、まったくむいていないと思うからなぁ～

ではなぜ今回、ＩＳＨＩＹＡ氏の最新刊をまたしてもジャパコア・リスナー皆無（？）の「本の雑誌」で取り上げるのかと言えば、この本が旅についての本であるからだ。

それも、とびっきり濃くて今までの視点とは異なるところから捉えた旅行記に仕上がっているからだ。ＩＳＨＩＹＡ著『Laugh Til You Die 笑って死ねたら最高さ！』は、ジャパニーズハードコアパンクバンドのボーカリストで、現在50代後半のＩＳＨＩＹＡさんが、世界を演奏して周る旅行記だ。アメリカ、カナダ、オーストラリア、チェコ、スウェーデン、イギリス、イタリア、韓国、フィンランド、オーストリア、それにセルビアにも行っている。「本の雑誌」読者の多くは旅、あるいは旅についての本が好きであろうと思うし、もはや辺境ものでないと興奮しないというこじらせた読者もあるかもしれない。そんな人にも、ジャパコアのツアーから見た世界の旅、というのは、ちょっとなかなか新鮮に映ると思う。僕にはとても興味深かった。

序文の段階でグイッとつかまれてしまう。ＩＳＨＩＹＡさんがデトロイト近郊のアナーバーという町を訪れる。そこにはステージで排泄した自分の糞を客に投げつけたことなどで有名な伝説のパンクロッカーGG ALLINが一時期住んでいたアパートがあるのだ。そこでその夜は一泊するはずだった。ところがしばらくするとダースでビールを持った人々が続々と集まり出した。「ライブ前にいったい何が始まるんだ?」どうやらそれは、アメリカのパンク界では恒例のライブ前ホームパーティーであった。「ライブ前にパーティー? マジかこいつら!」日本のライブスタイルとの違いに驚いていると、そんなもんじゃなかった。ライブ会場は今バカ騒ぎをやっている家で、この後すぐパーティーの流れからの演奏となったのだ。「え? ここでやるの?」「家? だよね?」ドラムの置いてある隣の部屋で演奏したそう。海外ツアー3ケ所目の出来事。

……モヒカンやトロージャン姿のパンクスである。もちろん入国審査はめんど臭いことになる。何度も別室に呼ばれてしまうISHIYAさんだったが、ある時アメリカの入国審査時に、モヒカン・トロージャンのヘアスタイルでもスッと通してくれる方法を発見した。その方法とは?

「実はネイティヴ・アメリカンの生き方や考え方などを非常に尊敬していて、感じるためにアメリカへ来た。ネイティヴ・アメリカンの戦士を尊敬するあまり、この髪型にした」

こう言いさえすれば、どんな厳しいアメリカの入国審査官も「ああ、なるほどな! 最初からそう言えばいいのに」と、すんなり通してくれるのだそうだ。興味のある方はぜひモヒカン・トロージャンヘアにしてアメリカの入国の際にネイティヴ・アメリカンリスペクトしてみて下さい。

またＩＳＨＩＹＡさんはバンド「FORWARD」で海外ライブをする内に、登場時の決め台詞を身につける。「WE ARE FORWARD! FROM JAPAN! I CAN'T SPEAK ENGLISH! DO YOU UNDERSTAND?」とステージに出ていってまず叫ぶと、ドッと受けるのだそうである。

この決め台詞はその後にアップグレードされた。西海岸でライブをやる前日、テッドという海外のパンク友達が、あのさ〜ＩＳＨＩＹＡ「最後に"SO FUCK YOU!"とつけたほうがいい」よ、とアドバイスしてくれたのだ。試すと、テッドの言った通りさらに受けた。テッドの１ポイント・パンク英会話である。

他にもたくさん、現場からの声、だからこそ面白いエピソードが山盛りだ。後は御自分で読んでいただきたい。

それにしてもジャパコア界にＩＳＨＩＹＡ氏のような、書く人、記録する人、がいるということは、シーンにとってとても重要な意味を持つと思う。ロック音楽、その中でも日本のロック史などというのは浅いものだ。その中で、文章を書く人、記録をまとめる人の好みによって、日本ロック史は事実とは偏った〝正史〟が編纂されていくキケンも無くは無いと思うのだ。そうすると、マニアックや、ニッチなジャンルは、下手すると無かったことにもされかねない。どんなシーンにも何人か、その現場の風景を、現場からの視点で、ＳＮＳだけではなく、書籍として歴史を残す人物が必要だと思うのだ。ジャパコアにはＩＳＨＩＹＡ氏がいる。僕の通ってきたナゴムレコードやバンドブームにもその役割を担う人がいてくれたらなと僕は思う……え？　オレ？　う〜ん。

『Laugh Til You Die　笑って死ねたら最高さ！』ＩＳＨＩＹＡ／blueprint

名探偵ポアロとマーガレットの恋

ポアロを観た。

映画「名探偵ポアロ：ベネチアの亡霊」を観てきたのだ～非業の死を遂げた娘の霊を呼ぶために、古い屋敷にポアロを含め何人かの訳ありが召集される。ミシェル・ヨー演ずる妖しい女性霊媒師が登場。いざ降霊会が始まると彼女がまた謎の死を遂げて……というオカルト心霊ミステリで面白かった。霊現象が本物かフェイクかが物語の主軸になっている。登場人物の一人が言う「心霊現象など存在しない。心の痛みがあるだけだ」という台詞はオカルト好きをウム！と唸らせる名言かと思う。原作はアガサ・クリスティ１９６９年の作品『ハロウィーン・パーティ』だそうだ。

アガサ・クリスティは若い頃に何冊かは読んだと思う。

とりあえず『オリエント急行殺人事件』『そして誰もいなくなった』『アクロイド殺し』の犯人が誰かは知っている。小学生の頃もう知っていた。それは有名な作品だからというのはもちろんあるけれど、僕は小学生の頃に、名作ミステリのトリックと犯人が全部書いてある本を持っていたのだ。

この本はホントにヒドい本で、クリスティ、コナン・ドイルその他、有名ミステリの謎部分を全てネタバラシして、作品によってはイラスト付きで子供たちに解説していたのだ。

クリスティは先の3作や、ドイルは「まだらの紐」などアレはヘビですよう、と教へてくれた（あ、書いちゃった）。ポーの「ル・モルグ」もあった。こちらも、アレはオランウータンなんですよう、と書いてあったように思う（また書いてしまった）。

一番ヒドかったのは、横溝正史『本陣殺人事件』の、水車、日本刀、庭、糸、などのトリックにおける例のピタゴラスイッチ的関連性が、克明なイラストによって子供にもわかるように詳細に描かれてあったことだ。

わ、わかりやすい、って……。あの本、なくしてしまって今は書名すらわからない。検索したけど見当たらない。謎の子供向けミステリネタバレ本。どなたかこれわかりませんか。

残念ながら？『ハロウィーン・パーティ』はネタバレ本には載っていなかった。映画の中で降霊術のトリックはポアロがすぐにフェイクと解き明かす。そこから霊媒師が、それでも霊は存在する、と粘って反抗する展開がとても良かった。

……霊と交信できると主張する人々は昔からいる。

有名なところで言えばマーガレットとケイトのフォックス姉妹というのがいる。19世紀の昔、ラップ音で霊と交信できると言い出した。彼女たちの存在は一大ブームとなった。それから何十年も経って、姉妹はアレは実はフェイクだったと告白した。

高橋昌一郎著『反オカルト論』によれば、それは最初、リンゴに紐をつけて床に当てるトリックだったという。後に足の指の関節を鳴らす方式に変わった。どちらにせよ、少女たちのシンプルにすぎるやり方に当時の大人たちがコロリとだまされ、心霊主義という大きな波が作られてさまざまな文化にも影響を与えたのだ。フォックス姉妹がいなかったら、もしかしたら「ベネチアの亡霊」のような映画もその後に産まれていなかったかもしれない。

『反オカルト論』は……あまりにもザックリとしたタイトルはどうかなと思うんだけど……超常現象懐疑派の高橋昌一郎さんがインチキ霊媒師やエセ科学にバッサバッサと斬り込んでいく一冊で興味深い。

何より、オカルト関係の本をわりと読んでいる僕も全然知らなかった情報が載っていてヘェッと勉強になった。

中でも、フォックス姉妹の姉の方、マーガレットの恋愛事情を詳しく取り上げている。ヘェッ、それは知りませんでした。しかも大恋愛なのだ。

足の指を鳴らすトリックで「上流社会のパーティにも招かれるようになった」マーガレット

は19歳の時、エリシャ・ケインという31歳の医師、探検家に出会う。このケイン、エリートの上に戦争で将軍の息子を救出するなどして当時の国民的英雄であったらしい。インチキ霊媒少女とヒーローは、しかし電撃的に恋に堕ちてしまう。ただケインは超常現象否定派であった。~マーガレット、君はフェイクだ~と問い詰めた。マーガレットははぐらかした。でも心では「ケインに惹かれれば惹かれるほど」「『降霊詐欺』を恥じるようになり、深刻に悩み始めていた」そうだ。

それで彼女は「真の霊媒師」になろうと決意、「夜中に墓地に行って」「霊が私に憑依するのを待ちました。何かの兆候だけでも欲しかったのです。でも、まったく何も起こりませんでした。何も！」と、2人の出会いと別れを記した本『ケイン博士の愛の人生――エリシャ・ケインとマーガレット・フォックスの書簡・馴れ初めと婚約と秘密結婚の歴史』の中で告白しているそうだ。愛する人のために真のイタコになろうと夜中のお墓でがんばっている19歳の女の子を想像すると、とても愛おしい。でも何も起きなかった。まさに「心霊現象など存在しない。心の痛みがあるだけだ」という気持ちであったのだろう。しかしスゴい題の本だ。

それでもケイン家の猛反対の中、秘密裏に結婚することになった2人だったが、その直前、ケインは静養先のハバナで突然死してしまった。マーガレットは酒びたりで金も失って死んだ。僕はマーガレットのさびしい死に際は知っていたけれど、ケインとの大恋愛については

『反オカルト論』を読むまで知らなかった。もう一度ヘエッ！勉強になりました。

他にもミナ・クランドンという女性霊媒師についても詳しく記述されている。この話も面白かった。

ミナは1920年代に社交界でも話題になった人妻美女霊媒師だ。ダンナさんの開いたパーティにノー下着ガウン一枚で現れて客らに体をさわらせたり下半身からエクトプラズムを出してみせたという。

読み方によってはどうもこれは明らかに御夫婦の常人にははかりしれない（まさに超常現象）〝プレイ〟であろう。

「心霊現象など存在しない。イタい性癖があるだけだ」ということなのか、わからないが、おもろい夫婦である。

『反オカルト論』高橋昌一郎／光文社新書

幻のマイケル空手『2000年の桜庭和志』

頭脳警察のPANTAさんの献花式で柳澤健さんに会った。

それで「あ、桜庭さんの本まだ読んでなかった」思い出し書店に行ったらもう文庫になっていた。

柳澤健著『2000年の桜庭和志』は、2000年5月1日に行われたプロレスラー桜庭和志とグレイシー柔術ホイス・グレイシーの試合をメインに、この頃の格闘技界の様相をとらえたルポだ。読んだなら当時のことが思い出されて懐しく面白い。

その頃、僕は格闘技のテレビ番組によく出演させてもらっていた。東京ドームで行われた桜庭VSホイスも最前で目撃している。ホイス・グレイシーはグレイシー一族と呼ばれるブラジルの柔術一家の一人だ。グレイシー柔術については話せば長い壮大な物語がある。

かいつまんで言えば、日本の柔術が明治時代に海外へ伝わり、やがてブラジルにまで広がった。その流れの中でホームズには「空き家の冒険」で、ルパンには「アルセーヌ・ルパンの脱獄」で小説の内で柔術が使われたりするのだ。それはさておき、ブラジルに伝わった柔術はグレイシーという一族によってその技術が守られるようになった。

それから長い長い時が経ち、93年コロラドで、目つき噛みつき以外はOKというノールールの格闘技大会が行われた。無傷で優勝したのがホイス・グレイシーであった。

ホイスを中心にグレイシー一族はあらゆる格闘家を次々に倒していった。プロレスラーも続々やられた。誰か奴らを止める者はいないのか⁉

救世主は意外なところにいた。UWFインターというプロレス団体の、そんなに注目もされていなかった桜庭和志という選手が、やらせてみたら滅法強かったのだ。

そしてついに、伝説の格闘技グレイシー柔術のホイスと、プロレスラー桜庭との決闘の日がやってきた！

僕はこの一戦の前にテレビ番組のロケで来日したホイスに会うという幸運に恵まれている。神秘性ばかりが先立ちよほどストイックな堅物だと思っていたホイスは、収録場所のジムに入るなり「へ〜イ、トゥナイトダンスウィズミ〜？」とシェイプUPガールズをナンパしていたのでスコーッとこけたものである。ギリギリガールズだったかもしれないが忘れた。ともかく意外にも気さくないい人だった……番組に関わっているとそんな、表に出ない格闘技の一面が見られて興味深かった。

例えば空手・士道館の村上竜司という、喧嘩が強いと顔が怖いで有名な選手がいたのだが、彼がオーストラリアの某キックボクサーと戦った時、試合中のオーストラリア選手のカツラがペロンとめくれ上がってしまった。それを見た竜司さん、戦いの途中であるにもかかわらず「おいちょっと、あれは教えてやれ、何とかしてやれよ」と盛んにレフリーに目配せしてアピールしたのだ。

竜司さんもいい人だったたな。あの武士の情にあふれた一戦はスタッフから映像見せてもらっただけで多分放送はされなかったと思う。

士道館と言えば、かのマイケル・ジャクソンは士道館とつながりがあったらしい。名誉5段を取得している。なんでも型の決めどころで「ポーッ!!」と叫ぶとか叫ばないとか。

で、日本でマイケルが空手模範演武を格闘技の興行の中で行うという発表があった。僕はそのレポーターとして当日会場へ駆けつけた。行ってみると「本日のマイケル・ジャクソンさんの模範演武は都合によりなくなりました」というコールがあっただけで、幻のマイケル空手は見られなかった。こちらはあっけにとられた僕の表情くらいは放映されたかもなぁ。

いろいろ思い出してきた。

番組は、司会の男性が連続の不祥事を起こして降板した。毎年暮れに番組の打ち上げがあり司会のその男性が丹下段平のコスプレで息子さんを肩車して登場し、スタッフとキックボクシングのエキシビジョンをするのが恒例となっていた。みんなで楽しく笑ったものだ。だから不祥事を聞いたとき真っ先に僕が思ったのは息子さんの事だった……暗い話になってしまったかな。

別の話で言えば、またその番組の打ち上げで、用事のあった僕が途中で帰ろうと靴を履いて15メートルも歩いた時、後から「おーい！ 待ってー」と大声がした。振り向くと目のクリクリした大男がこちらに向かって靴も履かずに突進してくる。え？ 何?? 焦ったところ彼が「大槻さんそれ僕の靴、間違えてる返してっ」と手を伸ばして叫んだ。長嶋一茂さんだった。格闘技と全く関係のない話になってしまった。でも、長嶋一茂に全速力で追っかけられたなんて体験、ちょっとないでしょう？

また番組で、試合直後の選手に取材することもあった。これはいつも緊張した。99年4月に行われたマーク・コールマンVS髙田延彦の直後も、髙田選手のコメントを取りに控え室へ行っている。

その頃の格闘技に詳しい方なら、これがかなりのセンシティブな案件だという事はわかるだろう。

『2000年』にも何度か書かれているが、この試合はフェイクだったのではないかとよく言われている。はっきり八百長だったと断言するものもある。その大会はガチを売りにしていたから、髙田さんのヒールホールドでサッと試合が終わった直後、僕らは「これ……聞きにくいなぁ」とつぶやきあった。それでも控え室へ向かった。

するとと髙田選手は実に堂々としていた。自信に満ちて輝いてさえ見えた。これは僕の個人的意見になるけれど、いろいろ言われるあの試合、コールマン側のみがフェイクを意識して試合をしたのではないかな？とも思う。甘いかな？　てか、もういいか。20年以上前のことだ。でも、この読書を機に、あの時代を検証してみたいなと一人盛り上がっているところなのだ。正直、懐古読書が一番楽しいかもだもんね。

『２０００年の桜庭和志』柳澤健／文春文庫

コワすぎ！目羅博士的跳躍力を観よ

江戸川乱歩の「目羅博士」（初出は「目羅博士の不思議な犯罪」）は、ある作家の一人称で書かれている。

彼が散歩をしている途中、奇妙な男に会い不思議な話を聞かされるという幻想談だ。

男は作家を「江戸川さん」と呼ぶ。無論この短編は創作だろう。小説だ。でも、江戸川さん〜江戸川乱歩がお気に入りの散歩コースを紹介していく冒頭はとてもエッセイ風味である。そこから男に会って幻想にシフトチェンジしていく展開の跳躍力が面白いのだ。

うがった考えだけど、もしかしたら乱歩は最初本当にエッセイを書こうとしていたのではないかとも個人的には読める。

お気に入りのスポットを紹介する散歩エッセイを書き始めたつもりが、そこは江戸川乱歩なもので、ふと妄想のスイッチが入ってしまい、それで奇妙な幻想小説へと跳躍していった……そんな真相は無いものだろうか。

「本の雑誌」23年12月号で鏡明さんが「エッセイとは何か？　結局のところ何でもありというものが、エッセイというものなんだろう」と書いている。実は「目羅博士」は純粋な小説ではなくて乱歩の「何でもあり」なエッセイの一つではなかったのか？と僕の妄想は跳躍する。

最近「ぴあ」のサイトで「今のことしか書かないで」という連載を書いている。

これは僕の日常と、そこから浮かび上がった妄想とを絡めて幻想談にしていくという、まさに「何でもあり」のエッセイ・スタイルだ。でも時に妄想の度合いが濃くなりすぎる回があって、もうエッセイとは呼べないかもしれない。かといって私小説というわけでもない。例えば老人ホームに母を見舞いに行ったら（ここまでは実話）母が銃を構えていて（そこから妄想）僕の後ろに浮かんだ生首の霊を打ち落とすとか、一度メイドカフェに行ってみたいと思っていて（事実）、行ってみたら自分もメイドさんになっちゃった♡（説明なし）というような話を書いていて自分でもジャンルがさっぱりわからない。

「乱歩で言ったら『目羅博士』みたいなもんです」と人には説明している。

皆あまりピンと来てくれないし自分でも「それもちょっと違うかなぁ」という気もしている。まぁジャンルなんて何でもいいのかもしれない。

でも最近、心霊ドキュメンタリー、心霊モキュメンタリーをよく見るようになって「あ、僕のやろうとしているジャンルはこれに近いかも」と思ったのだ。

「モキュメンタリー」とは「フェイクドキュメンタリー」のことだ。ドキュメント風に作ったフィクションドラマである。手持ちカメラと撮影時にはまだ有名ではない役者さんや、素人さんを使って、いかにもドキュメントっぽく作った映画や動画がたくさんある。そこに「心霊」とつけば、本当に幽霊が映り込んだ実は作り物の映像、ということである。

このジャンルは一部ですごい人気らしい。僕は不勉強にしてほとんど知らなかった。最近たまたま配信で白石晃士監督の「オカルト」というモキュメンタリー映画を観た。手持ちカメラによるブレた映像が、リアルから虚構世界へと急シフトしていく、個人的に言うならば〝目羅博士的跳躍〟に圧倒されてしまった。フェイク映像を作る際の演出やカット割りも計算し尽くしていると素人目にもわかった。何より本作が２００９年の作品であるということにたじろいだ。

「こんな完成されたジャンルがあるのを10何年も知らなかった」と思ったらなんだか焦ってしまったのだ。それですぐ白石監督のドラマシリーズ「戦慄怪奇ファイル　コワすぎ！」を観たところ1話目「口裂け女捕獲作戦」から面白すぎ！た。包丁持った口裂け女を捕まえようと心霊ドキュメント制作チームが住宅街を手持ちカメラ持って走り回るそのリアリティーと、やがておぞましく闇世界観の広がっていく、目羅博士的跳躍が見事だ。リアルさで言えば、制作チームの工藤という人物が切れて暴力を振るう場面など「この人マジのやばい人？」と思って検索してしまった。そしたらちゃんとした俳優さんだった上に筋肉少女帯のＭＶに出演したことのある方だった。す、すいません！

世界観拡大のほうも、２話目「震える幽霊」ではラヴクラフトのクトゥルフ神話にも通ずるような大きな闇の存在を示唆し、３話目でそれは決定的と思わせる。３話目の題名が「人喰い河童伝説」というのもまたいい味だよな〜。

「この手のものをもっと観たい。観なきゃ」と強く思ったものである。

しかしどこから手をつけていいかわからない。そこにちょうど雑誌「BRUTUS」９月号が発売されてテーマが「めくるたびに怖くなるホラーガイド４４４」とあるではないか。４４４の内には小説や怪談のほかに心霊ド（モ）キュメンタリーもたくさんあった。もちろん「オカルト」「コワすぎ！」もあった。「心霊マスターテープ」というドラマシリーズが面白いらしい。見たところ実に良かった。本作とシーズン２にあたる「念写」には数多の心霊ド（モ）キュメンタリー制作者たちが登場する。彼らが知恵を合わせて呪いの心霊現象を解決していくのだが、彼らの多くが実際にある心霊ド（モ）キュメンタリーの制作者たちなのである（役者もいる）。どうやらこの世には心霊ド（モ）キュメンタリー界隈というのがあって、その世界で人気な人たちがたくさんいるのだ。そして彼らが集結して心霊事件を解決していくという、これはつまり〝心霊アベンジャーズ〟なわけである。ミステリで言ったら名探偵総登場みたいなものだ。胸熱。

日常から幻想への跳躍が目羅博士的に面白い心霊ド（モ）キュメンタリーに今自分が書いている連載との近似点を勝手に感じているところだ。

「監死カメラ」というシリーズも面白い。心霊番組制作チームが幽霊を探していてたまたま忍者と遭遇する回。「痛っ！」と倒れたスタッフの足に何か刺さっている。これは？「撒菱だ！」笑ったが、日常から幻想談への跳躍力に共感する。


「BRUTUS」２０２３年9月号／マガジンハウス

沢木耕太郎と名作ミステリーと山川健一イズム

昨年はテレビCMに出演した。

定期的に配本される「江戸川乱歩と名作ミステリーの世界」CMだ。乱歩のほかにポー、夢野久作、さらに小栗虫太郎や久生十蘭なんてのまで収録されている。黒岩涙香までだ。どんだけマニアックなんだと驚きつつ、楽しく撮影は終わった。

すると「大槻さんには購入者特典動画で解説をやってもらいます」と関係者のB君が言う。わかりましたと引き受けたもののさすがに黒岩涙香は読んだことがないな〜と焦った。それでも配本前期分十数冊をがんばって読んで解説みたいなことをした。B君が大のミステリ&大槻ケンヂ・マニアで適時アドバイスを入れてくれたのはとても助かった。

でも驚いたことがあった。彼が、撮影の休憩中に僕が食べていたパンをパクっと食べてしまったのだ。「え？ B君なんで僕の食べてるパン食べたの？」「大槻さんのファンなんで」「だからってなんでよ」「山川健一ですよ」「？」「僕は大槻さんと同じくらい山川健一が好きなんですが、山川健一がミック・ジャガーと対談した時、ミックの置いていったドリンクを対談後に飲んだんですよ。僕にとって大槻さんはミックなんで、山川健一を読む者として」山川イズムとして食べちゃった、という理屈なんだそうだが、果たしてその行動を山川健一さんが「そうそうそれが俺流ね」とおっしゃるであろうか？　むしろ「違う違うそうじゃそうじゃない」と鈴木雅之ばりに歌い出すのではないのか。

先日、中期配本分のリストが届いて26冊もあった。しかも甲賀三郎『琥珀のパイプ』だの岡本綺堂『近代異妖編』だの激シブなのも入っていた。ちょっとそいつは読んだことがない。慌てて読み始めたもののなかなか冊数まで追いつかない。そこで補助を使うことにした。

朗読だ。今やYouTubeにはどんなミステリも朗読が上がっている。これを聞きながら同時に活字を追うのだ。やってみるとするする読めて速読術として効果的である。試しに朗読の速度を上げてみたところ1・5倍速までは理解が追いつく。1・75倍速で読めるかはものによる。「少年探偵団」は大丈夫だったが小栗虫太郎「聖アレキセイ寺院の惨劇」は目が朗読に追いつかなかった。

それでも朗読補助を続けていると「朗読は朗読で良さがあるなぁ」と感心したものだ。「倍速で聞いていて何言ってんだ」と言われそうだけど、上手いナレーターの朗読ほど速度を変えてもよくわかるのだ。もちろん通常の速さで聞くならば細かいところまで感情が伝わってくる。ドイルの「グロリア・スコット号」なんて、後半、ナレーターのテンションがどんどん上がってきて、聞いていて思わずグッと涙腺に来てしまった。朗読エモい。

……朗読と言えば、最近深夜よく「深夜特急」の朗読をラジオで聴いている。

沢木耕太郎の旅行記「深夜特急」を、TBSラジオが「朗読・斎藤工 深夜特急 オン・ザ・ロード」として、夜遅くに連続放送しているのだ。

ご存知かと思うが「深夜特急」は70年代に沢木耕太郎さんが香港からロンドンを目指してバスで一人旅をするルポだ。一部の者にとっては今も青春のバイブルかと思う。僕もその一人。それを俳優の斎藤工さんが少しずつ朗読している。

radikoを聞いたら昨夜の回ではギリシャに入ったところだった。斎藤さんの朗読はゆっくりと落ち着いている。「これもしかしたら0・75倍速なんじゃないのか？」と「聖アレキセイ～」を倍速で聞いていた直後には思わずそう感じるほどにタメが効いているのだ。それはそれで雰囲気があって深夜にぴったりだ。何より斎藤さんが美声だ。一度彼に会ったことがある。超イケメンの売れっ子俳優なのに全く気取るところのないナイスガイであった。「シン・ウルトラマン」も観ましたよ。

でも、だと言うのに……僕は彼の朗読を聞くたびに「うーん何かが僕のイメージと違う。でも何が一体違うと言うのだろう？」と違和感を抱くのであった。とっても良いのだけれど、そう、なんというか……僕はどこかで斎藤さんとは別の人の朗読による「深夜特急」をかつてよく聞いていて、それに慣れてしまったがために生じる違和感、とでも言うか……でもその違う方が誰なのか思い出せない。あれ、誰だっけなぁ？と首をひねっていたら先日、ふと手にした沢木耕太郎『旅する力　深夜特急ノート』を読んでいて「あ」と思った。

『旅する力』は沢木さんのエッセイ。「深夜特急ノート」とあるように、自作「深夜特急」執筆のこぼれ話が多く書かれている。その中で、当初は旅行記を出版する予定はなかった、でも「そのときの私は、たぶん誰かに話しかけたかったのだろう」と旅の途中での想いを書いている。

話しかける相手として、沢木さんはラジオ番組を選んだ。その頃、ＴＢＳラジオでパックインミュージックという深夜番組を担当していたアナウンサーの小島一慶さんに宛てて、旅で起こった出来事を何通も手紙に書いて送り始めたのだ。

沢木さんからの旅の手紙は小島一慶さんによってパックインミュージックで読み上げられた。沢木さんが帰国して小島さんに会いに行くと、手紙は全部大切に保存されていたという。その内のカンダハルから出した手紙は『旅する力』にそのまま掲載されている。

僕は小島一慶のパックインミュージックは聴いていなかったが「一慶・美雄の夜はともだち」という小島さんのラジオをよく子供の頃に聴いていた。だから小島一慶さんのトークスタイルは覚えている。甲高くて早口でしゃべる楽しい話法であった。斎藤工さんと、まさに真逆である。

そうか『旅する力』を以前に読んでいた僕は、無意識のうちで「深夜特急」を小島一慶さんの朗読に脳内変換して再生していたのだろう。

それで斎藤工朗読に違和感を持ってしまったのだ……でも、でもどうだろう？　実は沢木さんがそもそも、小島一慶に朗読されることを想定して「深夜特急」を書いていた、なんて真相は、果たしてないものだろうか。

『旅する力　深夜特急ノート』沢木耕太郎／新潮文庫

「ＢＳマンガ夜話」に『おしえて！ギャル子ちゃん』を

マンガをあまり読まない。

特に長いものは、一度にどこからどこまで読んだらいいのか区切りがつけられなくて、永遠に読んでなきゃいけないのかと妙な脅威を感じて途中でやめてしまうのだ。活字だと「今日はここまで」ピタリと止められるので、相性みたいなものがあるのだろう。最近はたまに鈴木健也作『おしえて！ギャル子ちゃん』をパラパラめくるくらいだ。

だから以前、マンガについてのテレビ番組に出演させてもらっていた時は大変だった。

ＮＨＫ ＢＳ２の「ＢＳマンガ夜話」だ。大月隆寛さん、いしかわじゅんさん、岡田斗司夫さん、夏目房之介さんといった識者とマンガについてたっぷり議論するのだ。半端に読んでおくわけにはいかない。諸星大二郎作「ぼくとフリオと校庭で」などは短編なのですぐ読めたけれど、横山光輝作『バビル２世』なんかは全12巻ある上そもそも作品自体が古くて読むのが正直難儀だった。アレは一体どんなセレクト基準だったのか？「今一体誰が『８マン』なんて

読むんだよ?」と桑田次郎先生には悪いが若干切れながらたくさんのマンガを一気読みしたものだ。

出演者たちは皆仲良しだったが、時に議論が白熱することもあった。土田世紀作『編集王』の回では、エキサイトして語り出した僕の話に対しいしかわじゅんさんが「違うよっ、それは違う!」と語気荒く割って入ることがあったらしい……らしい……と曖昧なのは、これ僕さっぱり覚えていないからだ。でも放映時けっこうインパクトがあったらしく、十数年経った今でも「『編集王』の回すごかったですね」と人に言われることがある。「朝生の大島渚の『バカヤロー!』を見るようでした」という人まであって……そうなの?

僕はそれよりも、田村信作『できんボーイ』の回のときのことをよく覚えている。ゲストの鴻上尚史さんが前の仕事が押して本番前の打ち合わせに遅れてしまった。それは仕方がないことなのだけど、出演者の一人が「どういうことか」と不満を述べ出して控え室がけっこう不穏なムードになってしまったのだ。

もういい大人たちがよりにもよって『できんボーイ』を論じる直前に揉めそうになっているという光景に僕はツボってしまって、必死に笑いをこらえた記憶があるのだ。

でも、今回検索してみたら、あ、違う。鴻上さんゲスト回は中川いさみ作『クマのプー太郎』だった。「できんボーイを論じるのに遅れるとは何事か」「クマのプー太郎を論じるのに……」

どっちでもええがな、という話だ。

番組はいろんなマンガの、こと細かな部分を真剣に掘り下げて論じ合うスタイルだった。僕も興味深く参加させていただいていた。でも古谷実作『行け！稲中卓球部』の回でゲストの池谷幸雄さんが、レギュラー陣の論戦を見ていてボソッと一言「……なんでそんな真面目に読むの？　楽しめばそれでええやん」というようなことをおっしゃって、あ、まさにそれ、核心、正論、正解。うーんとなったものである。

「ＢＳマンガ夜話」以来マンガを読むことがめっきり減ってしまった。冒頭に書いたように『おしえて！ギャル子ちゃん』をパラパラめくる程度である。

『ギャル子ちゃん』は２０１４年に連載が始まった学園コメディーマンガだ。

ギャルギャルしい格好をしたＪＫの通称ギャル子ちゃんが、真逆のキャラであるメガネ女子のオタ子や、天然系女子のお嬢といったクラスメイトたちと他愛もない高校生活を送っている。その様子をスケッチした、いわゆる日常もののマンガだ。特に何が起こるというわけでもない。どこがいいかと言えばそこが良い。何も起こらないという程良い安心感の中で、山上たつひこ作『がきデカ』のジュンちゃん以来にマンガキャラとしては造形が個人的に好みであるギャル子ちゃんが、いきいき楽しそうにしている様子をボーッと眺めているのが今の僕にはとても心地良い。

ギャル子の姿を画像検索して「オーケンわかりやすいな」とドン引きした読者の方々には「いいじゃないの」と言うしか言葉が出ない……でもギャル子、いい子なんだって！（と、『編集王』以来に高ぶって）同級生のイインチョーが「あの子ぜったいナニも考えてないよ」とギャル子を見下していると、学校の廊下で何かに注目しているギャル子を見つける。「どうしたら世界から戦争を無くせるか」青少年論文大会のポスターを見つめていたギャル子に対しイインチョーは「考えてもみたことなかったな」と反省するのだ。

またギャル子とオタ子が映画に行くと濃厚な絡みのシーンが始まる。オタ子は邪(よこしま)な発想に駆られてオタオタするのだが、一見経験豊富そうなギャル子は、将来への希望に満ちた表情でつぶやくのだ。「いずれあんなふうに誰かとセックスをするんだね　本当に本当に大好きな人と…愛し合って…一生懸命に……」ギャル子のエロかわな容姿と下ネタの連続で単にエッチっぽいマンガに見えるかもしれないけれど、違うっ、それは違うよ！　ギャル子とってもいい子なんだよ！　そしてとってもいい青春漫画なんだよ『おしえて！ギャル子ちゃん』は。

特に好きなエピソードは「すっごく大きなおっぱいは水に浮いちゃうって本当ですか？」の回だ。プールに行ったギャル子が財布をなくした小学生男子にステーキ丼をおごってあげる。彼はママと来ていて、たまたまやはりプールに来ていた女子同級生2人にからかわれる。それをギャル子がまた助けてあげるのだ。このマンガ内に突然登場する小学生3人とママを、作者は欄外に簡単な登場人物紹介を入れることによってエピソードを手際良くまとめて見せる上に、3人の物語も読者に深く想像できるように描いてあって見事だ。

このマンガには映画に関してのウンチクも豊富だ。きっと、映画で得た技術を随所に活用しているのではないかと思われる。

いろいろあって現在連載休止中の本作であるが、もし「BSマンガ夜話」が復活することがあって僕の招かれることもあるとしたなら「どうですか『おしえて！ギャル子ちゃん』ありですか？」と聞くだけ聞いてみたいなと思っているのである。エキサイトして語るだろう？


『おしえて！ギャル子ちゃん』鈴木健也／KADOKAWA

そうか「ヘルター・スケルター」は圏外か

先月の6日で58歳になった。

まだまだ若輩である。でも、うん、還暦がリアルに見えて来た。誕生日は記念ライブを行った。満員。お客さんには感謝しかない。「たくさんいるおじさんの中で今夜オーケンを選んでくれてありがとう」そんな気持ちだ。他のおじさんって誰？　いい生誕祭になった。

ところが3日後に高熱が出て寝込んでしまった。インフルエンザだ。もうつらくて何も出来ない。夜中に寝床から起きようとしたらフラフラッとしてクルクルッと回転しながら部屋の隅に倒れること2回。「あ〜このまま死ぬのか」と本気で思いました。

3日目からようやく落ち着いてきたけれど本は例の〝闇の左手現象〟を起こすのでまだ読めない。ずっとラジオを聴いてすごした。

村上春樹さんが番組をやっていた。翻訳家の柴田元幸さんと古いポップ音楽についておしゃべりしていた。村上さんがアメリカに行った時にふと「Don't know much biology」とサム・クックを口ずさんだら知らない通りすがりの人が「Don't know much about history」と続きを歌ってくれた。「ああアメリカだなぁ」と村上春樹が思った、なんてとりとめのない話。

病床にラジオはちょうどいい湯加減だ。いろいろ聴いていて驚いたのはビートルズのベスト10番組だ。そりゃビートルズだものリスナーによるベスト10番組があったって何の不思議もない。でもなんとこの番組はウイークリーなのであった。毎週毎週ビートルズの楽曲をベスト10形式でリクエストを募っていて「さぁ、先週は『ハード・デイズ・ナイト』が圏外でしたが……」なんて言っている。

「そうか『ハード・デイズ・ナイト』は今週はベスト10圏外なのか……」と思うのが正しい聴き方なのだろうか。なんだか不思議だ。ちなみに僕の聴いた週のベスト3は3「レット・イット・ビー」2「ヒア・カムズ・ザ・サン」1「ナウ・アンド・ゼン」であった。そうか「サムシング」は今週ベスト3圏外なのか。

原稿も闇の左手現象で書けなかった。唯一、4月発売予定の松村雄策さんの本用に30文字程度の帯文を書いただけだ。

2022年に70歳で亡くなったロック評論家・ミュージシャン松村雄策さんの、晩年のエッセイを集めた本『ハウリングの音が聴こえる』を発売前に読ませてもらった。

彼の晩年エッセイ集には以前紹介した『僕の樹には誰もいない』がある。『ハウリング』は第2弾ということになる。

1弾、2弾どちらにもそんなに大した事は書いていない。松村さんの身の周りの出来事を記した日々つれづれエッセイだ。ポール・マッカートニーの来日を楽しみにしたり、ポールの来日公演が中止になって残念飲み会をしたり、野球と相撲が好きでそのことをよく書いていたら「野球や相撲のことはちょっと…」読者が喜ばないので、と編集部にやんわり言われてガックシ来たり、そんなあたりの話だ（最後のは確かにガックシ来るよなー）。とりとめのない話ばかりと言っても過言ではないかもしれない。

でも、僕には『僕の樹には』もそうであったけれど『ハウリングの音が聴こえる』がとても心に染みた。ヒシヒシと想いが伝わり、わかるわかりますよその気持ち松村さん、と何度も心でうなづいた。それは松村雄策さんが、世代は異なるけれどロックが大好きで、自らも演奏をするバンドマンで、僕ごときと較べるのは失礼かとも思うが執筆をする作家で、つまり、僕はカテゴリーとしてはやっていることが彼と似ていると思うので、とても彼に共感して2冊を読むことができたということだ。こんな若輩にシンパシーを感じさせるところが松村さんのエッセイのテクニックなのだろう。

そして共感した本の中で徐々に、著者が老いて明らかに死にヒタヒタと近付いていく過程が、また求心力となって僕の心をつかんだのである。

松村さんは2016年に脳梗塞になって倒れる。松村さんによれば倒れた日は「ジョン・レノンの誕生日」だったのだそうだ。

「病院に着いて、寝たままで移動する。おかしな気分だ。天井しか見えない。これと同じ風景を見たことがあったな。そうだ、僕が小学生の頃の人気テレビ・ドラマ『ベン・ケーシー』のオープニング・シーンだ。六〇年代だよな」

この世とあの世、現在と過去をサッと短くまとめて命のはかなさを読みやすく書く。一命を取りとめた松村さんはリハビリに励み一時期は元気となる。しかし周りが亡くなっていく。中学の同級生でミュージシャンのケメの訃報をやはり中学の同級生から聞かされて松村さんは彼に言う。「俺達もそういう年齢なんだよ」この頃松村さんは66歳……8年後か……そう遠くはないな、いや、近い、全然、と僕は読んで思った。なんだろう、人生の去り時のシミュレーションとして僕は松村晩年エッセイに共感、ハマってしまったようなのだ。そうか、ロック好きもやがて老いるのだな……でもその直後、松村さんはこう書くのだ。

「自分から、打って出よう。うまく喋ることが出来ないけれど、友達は『松村さんは酒を飲むと、いつもそうでしたよ』と言う。いつも、酔っ払った気分でいればいいのか」「このままフェイド・アウトするよりも、そのほうがずっといいだろう。とりあえず外に出て、闊歩は出来なくても町をふらふらと歩いてみよう」

いいぞ松村さん、ですよねその気持ちこそがつまりロックンロール！と胸熱くなるんだがこの次のエッセイで例の「野球や相撲はちょっと…」事件が勃発するのだ。編集部は鬼なのだろうか。

そしてビートルズについて書いた「それでは、皆さん、さようなら」というエッセイで『ハウリング』はフッと終わる。ロックを好みバンドをやって本書いて人生が尽きる。いや、それ幸福じゃないか、とも、思ったのだ。

インフルエンザは7日間で完治。

『ハウリングの音が聴こえる』松村雄策／河出書房新社

スカ猫と妖怪と文学の限界について

インフルエンザで寝込んでいた時ずっとラジオをつけていたことを前回書いた。そこで村上春樹さんＤＪの番組を聞き、語り口、題材、まとめ方その他「この朴訥とした雰囲気どこかで前に知っているなぁ」と感じ、思い出した。『村上朝日堂』だ。

１９８４年に刊行された『村上朝日堂』は、村上春樹が日々徒然のことを朴訥と綴ったエッセイ集だ。97年の『村上朝日堂はいかにして鍛えられたか』まで数冊シリーズ化されている。そのうち3冊はイラストを描いた安西水丸さんとの共著として発売されている。村上さんのエッセイ集は「朝日堂」シリーズの他に『村上ラヂオ』や『雑文集』もある。どれも朴訥とした雰囲気が心地よく全て僕は読んでいる。

知られた話だが村上春樹は自分の読者が「ハルキスト」と呼ばれるのがあまり好きでは無いそうだ。どうせなら「村上主義者」と呼んで欲しい、とのこと。それで言うなら僕は大体42分の1くらい村上主義者、であろうか。村上さんのエッセイは全部読んでいると思うのだが、小

説のほうはあまり読んでいないからだ。

いやいくつかはさすがに。『風の歌を聴け』と『1973年のピンボール』は『村上朝日堂』と同時期、若い頃に読んだ。その後『ねじまき鳥クロニクル』を途中まで読んで……あれって、皮剝ぎの場面があるでしょう？　あそこが怖くなっちゃって読むのやめちゃった。で、それっきり他の小説も未だ読んでいないのだ。だからもうずっと約42分の1くらい村上主義者のままだ。84分の1くらいかなぁ。

インフルが治って久しぶりに「村上朝日堂」シリーズを再読してみたのだ。そしたら最初に読んだ20代前半の読書記憶がパーッと蘇ってきた。

当時の思い出と共に。ロンメル将軍が食堂車でビーフカツレツを食べる話とか、よく覚えていた。当時仲良くしてた女の子が村上主義者で～彼女もエッセイ主体の42分の1くらい主義者だった～当時よく「村上朝日堂」を2人の会話に引用していたことも思い出した。

「いつか大槻君と2人で旅に出て食堂車でビーフカツレツを一緒に食べたいね」

なんてことを彼女は言った。僕にもそういう時代があったんですね。

「ね、2人で歩いていたら3万円落ちていないかなぁ」

なんて彼女は言ったこともあった。これは村上春樹さんが若い頃お金がなくて、明日までに3万円ないともう経営していたジャズ喫茶が潰れてしまう、と、奥さんと2人でいかんともしがたく街を歩いていたら、なんとちょうど3万円お金が落ちていて命拾いしたというエピソードを引用したものであった。「ユングならそれを『シンクロニシティー』とでも呼ぶところだが、当時はそんな立派な言葉があることすら知らなかった」と村上春樹は書いている。「村上朝日堂」シリーズには僕から見たらちょいちょいオカルト的なエピソードも登場してそこも面白かった。

村上さんは昔、三鷹のアパート近くで「ブラジャーが夜空を飛んでるところ」を目撃したことがあるそうだ。「すごく風の強い夜」「なにか白いものが空高くふわふわと飛んでいて」「よく見たら、これがブラジャーだった」とのこと。強風で洗濯物が空に飛んだとの村上先生の見立てなわけだ。でも、若い頃の僕は、それはブラジャーではないんじゃないか？と推理して、彼女に言った。

「あれ、一反木綿だったんじゃないかな？」

「一反木綿？　ゲゲゲの鬼太郎に出てくる妖怪の？」

「そう、妖怪一反木綿だよ。実は春樹は夜空に妖怪を見たんだよ。でも本来がオカルティストでない春樹は、それを一反木綿として解釈する教養がなかった。それで空飛ぶブラジャーなんて陳腐な見立てで自分を納得させることしかできなかったんだ。つまり、これは文学の限界なんだよね。妖怪センサーがないのさ」

「ふーん、ねぇ、3万円落ちてないかな」

そんなどうでもいいことを喋りながら街を2人で歩いた。僕たちは若くて金がなくて時間だけはたっぷりある若者だった。「村上朝日堂」の朴訥とした感じがその頃の僕らにとって話のネタにぴったりだった。

まるで忘れていた回もあった。「あたり猫とスカ猫」という話が『村上朝日堂』の中にある。猫には「あたり」と「スカ」の2種類があるというエッセイだ。「こればかりは飼ってみなくてはわからない」「とにかく何週間か飼ってみて『うん、これはあたり』とか『参ったね、スカだよ』というのがやっとわかるのである」でも、あたりでもスカでも大事にしてあげなければいけないと説く、ユーモラスで優しく、かわいい話だ。僕と彼女はこのエッセイにとても受けた。確か彼女は猫を飼っていたから「この子はスカ」「でもかわいい」などと言い合って笑いあった。「当たりかハズレかどっかに書いてあればわかりやすいね」と言ったのは僕だったか彼女だったか「舌の裏に書いてあるんじゃない」と答えたのはどっちだったかも全く覚えていない。でもその後、僕はチープ・トリックというアメリカのバンドの人気曲「甘い罠」を、オリジナルの歌詞と全然関係のない内容で「猫のリンナ」というタイトルでカバーしている。歌詞の冒頭はこうだ。

「ネコの中には当たりと外れがあってさ　小さな舌の裏それは書いてある」

明らかに『村上朝日堂』のエッセイをもとにして書いている。そして若い頃の彼女との会話からアレンジしている。このことは「猫のリンナ」を発表してからしばらくは取材などで公言していた記憶がある。しかし、なんでだろう？　それから先日再読するまで、すっかり忘れていた。再読して「あたり猫とスカ猫」を読んだときに「あ」と、ネタ元であることを思い出して驚きの声を上げてしまった……空飛ぶブラジャーを空に見たとき、村上さんは驚きの声を上げたのだろうか？　あれは今にしても一反木綿なのだと僕は思う。彼女にとって僕はあたりだったかスカだったか。スカだったんだろうなぁ、と今にしても思うのだ。

『村上朝日堂』村上春樹、安西水丸／新潮文庫

刑務所のリタ・ヘイワースと幻の女優

週刊文春からスティーヴン・キングについての取材依頼をいただいた。

キングは若い頃にいくつか読んでいる。『ミザリー』は、いかれた女性ファンに監禁されて小説を書かされる作家の話だった。彼の悲劇と、書かされている小説の内容が同時に進行して、その現実と妄想世界との落差や近似点が恐しかった。後に映画化されると聞き「あの二重構造を映像でどう描くのだろう」ワクワクして観に行ったら作家の書かされている小説の方の描写はバッサリ無かった。ええっ「そこを切るの?」と、ハインラインの『宇宙の戦士』が映画化されると聞いて観に行ったら肝心要のパワード・スーツがガッツリ省略されていた時以来にガックシ来たものだ。

キングの中編「刑務所のリタ・ヘイワース」は、新潮文庫では表題『ゴールデンボーイ』に収録されている。

ついさっき気がついたんだがこの2作をキングは「恐怖の四季　春夏編」と題していて「刑

務所の～」の方はその「春は希望の泉編」となっている。そうだったんだ。

「刑務所の～」は「ショーシャンクの空に」として映画化され大ヒットしているし、小説としてもとても有名なので内容をネタバレしてしまうと、無実の罪で刑務所に入れられた男アンディーが、独房の壁に貼ったポスターの裏に穴を掘って脱獄する話だ。

壁には1948年から75年までの27年間、その時代を代表するセクシー女性スターのポスターが貼られた。最初がリタ・ヘイワース。次にマリリン・モンロー。例の地下口からの風にスカートが揺れるやつだ。次にジェーン・マンスフィールド。この人は〝女装した女性〟と呼ばれたほどに過度のセクシーアピールの人で交通事故で首がもげて亡くなったらしい。その後に誰かイギリスの女優に変わって、66年（僕の生まれた年だ）から72年までラクエル・ウェルチとなり、73年から脱獄決行の日までリンダ・ロンシュタットになる。

この美女の変遷が読んでいて男子としてとても興味深かった。映画「恐竜100万年」の原始人美女で有名なラクエルのポスターを貼るところは異存はないけれど、その次が確かにセクシーであるとは言え、カントリーシンガーのリンダ・ロンシュタットに貼り替えるというアンディーのチョイスがちょっとピンと来ない。

個人の好き好きだし目的は脱獄なんだから別にいいじゃないかと言えばそれまでだ。でも、じゃあ脱獄があと一年延びたなら彼の掘る穴の上は74年の映画「エマニエル夫人」のシルビア

・クリステルの籐のイスに座ったポスターに変わったのかもなぁ、とか、もしもっと穴を掘るのに時間がかかったなら、僕の世代の'70sセクシー・アイコンであるファラ・フォーセットの、あの皆がうっとりながめた映画「サンバーン」のビーチの彼女のポスターの登場に間に合った（間に合ったってのも変だけど）のかもしれないなぁ、などと想像がふくらんで読んでいて楽しいのだ。「もしかしたらワンチャン映画ではエマニエル夫人も出てきたりして」と、シネマタイズ・ファンタジーを期待して「ショーシャンク」を観たところ、シルビア・クリステルどころかなんとリタ・ヘイワースのポスターも出てこなかった。ティム・ロビンス演じるアンディーの房の壁に貼られていたのは「恐竜１００万年」のラクエル・ウェルチ一枚きりだった。

なんでだよ。とこれ観る度に憤りを感じる。冤罪の男の悲劇と何人もの美女との対比は生きることの難しさと自由とを対比させてこの物語の重要な核であるし、ポスターが次々と変われば時代の移り変わりと無常の哀しさも描かれるし、何よりＶＦＸも使わないし美術さんも楽でいいじゃないか。まぁ、権利の問題など訳があったのかもしれない。とにかく僕はガックシ来たものである。そこを切る!?

ポスターでガックシ……という話で今、子供の頃のことをハッと思い出した。

小学校低学年の頃、当時の僕の家にはいとこの大学生のお兄ちゃんが下宿をしていた。よく僕と遊んでくれた。そんなある日いとこのお兄ちゃんが「ああ、あの目薬のポスターがほしいなぁ」とため息をついて言うのであった。お兄ちゃんは遠くを見つめてそれを言う。僕はお兄ちゃんに喜んでもらいたくて、近所の薬屋さんへ行って「目薬のポスターください」と顔なじみの店番のおじさんに言った。「え？　賢ちゃんこれがほしいの？　いいよ」と言っておじさんはポスターをくれた。僕は走って帰っていとこのお兄ちゃんに「はいっ」と言って渡した。驚いた顔でそれを受け取ったお兄ちゃんはクルクルとポスターを自分の目の前で広げた。そして「……ああっ」と小さくつぶやいた。さびしそうに笑い「賢二、ありがとう」と言ってポスターをまた丸めたのであった。

後年わかったのだ。あの時お兄ちゃんがほしがっていたのは当時目薬のＣＭをしていた女優・真行寺君枝の写った目薬のポスターだったのであって、僕が薬屋さんからもらってきたのは目薬本体を写しただけのポスターであったのだ。お兄ちゃん心からゴメン。

さて戻って「刑務所のリタ・ヘイワース」だ。

今読み返してみると、セクシーな女性の裏、ある意味で内部に向かって穴を掘る、というとてもわかりやすい性的メタファーであると感じる。そして狭い穴をひたすら進み、やがて安息の地、太平洋が見える静かな場所へたどりつくとのアンディーの望みは、これまたわかりやすいくらいわかりやすい、産道をくぐって母の胎内へと戻り、胎児のようにおだやかな羊水の中でただ眠っていたい、との、胎内回帰願望の物語になっているなと思う。スティーヴン・キングが意図していたかどうかはわからないけれど。映画化に際してポスターがラクエル・ウェルチ一人となったのは、性的メタファーとするなら何人もの対象が出てくるのはハーレム的発想でよろしくない、とティム・ロビンスが言ったかどうかは知らない。僕は昔石野真子さんのポスターを部屋に貼ってました。

『ゴールデンボーイ』スティーヴン・キング／新潮文庫

書店で目撃した事件

人生で書店にいた時間を合わせると一体どれくらいになるだろう？

子供の頃から今に至るまで本屋さんをグルグル見て周るのが習慣づいている。よほどの長い時間になるのではないかと思う。見て周るだけで何も買わない時もある。書店からしてみれば迷惑な話である。

「買わないのかよ！」

すいません!!

長いこといると稀にイレギュラーな体験をしたり現場に遭遇することもある。皆さんも何かありませんか？

僕の場合たとえば万引きの現場を目撃したことがあった。イレギュラーどころかハプニングと呼べる体験だろうか。小学生の頃だ。家の近所の本屋さんで永井豪先生の『あばしり一家』を立ち読みしていたら、ドヤドヤドヤッと少なくはない中学生くらいの男子たちが店先にやって来て「おい、どうする?」「やるぞ」「これだ」と叫ぶや店頭に置いてあった数冊の雑誌を胸に抱えてまたドヤドヤドヤッと走り去って行ったのだ。わずか10秒くらいの時間に過ぎなかった。それはイキった中学生男子たちの一種の度胸試しであったのだなと小学生男子の目にもわかった。店の人はたまたま奥にいて気付かなかった。僕は恐る恐る中学生たちが盗んでいった棚のところへ行ってもう一度ビックリした。女性向けファッション誌がごっそり冊数が減っていたのだ。いくらあわてていたとはいえ「これだ」ってそれかよ。あの後彼らは女性誌をどうしたのだろうと今でも謎だ。

痴漢の現場を目撃したこともあった。こちらも万引きと同じ、西武新宿線の野方にあった書店内であった……今にして思えばあの店のおじさんはやさしかったけど少しうかつなところがあったのかもしれないな……いつものように『あばしり一家』を立ち読みにその本屋さんに行くと、小学校の同級生の女子・Kさんがいた。Kさんは長い三つ編みの髪の子で、何か少女漫画のコミックスを夢中になって立ち読みしていた。「あ、Kさんだ」と思ったら彼女の足元にスパイダーマンがいた。いや昭和の野方の本屋にスパイダーマンのいるわけもない。それはスパイダーマンのように膝を深く曲げ腰を低く折り、まるでツイスターゲームに興じる人のごとくあり得ないねじれた体勢で、なんとかKさんのスカートの中をのぞこうとしていた若い男であったのだ。ゲッ!と驚いた。でも「許せない」と思ったら男は蜘蛛の姿勢のまま這って逃げていってしまった。

野方の隣りの沼袋にもいくつかの書店があった。よく行った古本屋もあり、そこでは店主の奇妙な激怒を目撃した。

ある時ふらりとその古書店に入ると、店主のおじさんが奥さんに大声で何か強く訴えていたのだ。聞くと、こうだ。

「今日さ、変な小学生くらいのガキが急に店に来て、この売り場に入ってきて店の奥に行こうとしたんだよ、『オイ何してんだ!?』って怒鳴ったら無表情で『いいからいいから』つってドンドン入っていこうとするんだ。『いいからじゃないよお前どこのガキだ』って怒鳴っても『いいからいいから』って無表情で言うだけなんだ。『いいからじゃねぇつってんだ警察呼ぶぞ』って本気で怒ってようやく追い返したんだけど一体なんなんだ『いいからいいから』ってあの子供は誰なんだ」

一体なんなんだろうその話？

そんなことって本当にあるのだろうか？　一体どういうジャンルなのかサッパリ今でも解釈に困る。もしかしたらまだどんな怪談師もトライしたことがないであろう〝書店怪談〟とでも呼べる都市伝説の始まりなのかもしれない。怪談とするなら実話怪談の部類に入るのだろうか。実話怪談「いいからいいから」仮に実話怪談に入るとするなら、はたして心霊系なのかそれともヒトコワ系なのか。判断できないけどどっちにしろアレは変でコワかった。奥さんは店主の怒りの訴えをただ神妙に聞いていた。

書店で目撃、ということであれば、拙著『ロッキン・ホース・バレリーナ』を書店で立ち読みしている男性を目撃したことがある。しかも中盤あたりを真剣にガン読みしていた。もしかしたら前半からそこまで立ち読みしていたのではないかと思えた。著者としてこれは実に複雑で「そこまで読み進んでくれてありがとう」という気持ちと「……いっそ買ってくれたらどうですか？」という願いと、そして「自分だって『あばしり一家』全巻野方の本屋で立ち読みしたじゃないか」言える口かっ、との三つ巴の想いが交錯してとにかく書店に迷惑だ。「やぁ、私、作者です。あはは」と気さくに声をかけるのも違うと思うし、結局グルグルその立ち読みの男を中心にして本屋さんをうろつくことしかできなかった。恐しいことに僕はこの立ち読みの男を同書店で再び目撃することになる。数日後に書店に行ったら彼がまた『ロッキン〜』の単行本を立ち読みしていて、後半部分にまで達していたのだった。

「買わないのかよ！」

さすがにもうクライマックスという部分まで立ち読みで済まされていたからそう思ったものである。しかし、もはや彼氏にとってどうやら『あばしり一家』に匹敵してしまった我が小説なのである。「そうか俺ごときの書いた本が今、ある意味永井豪先生と並んだのか」と考えた時……明らかにそいつは違うと思うが……「じゃ、読み切れるのか? 最後まで」と、彼氏を応援してみたくもなったりして。作者と読者との書店さんにものすごく迷惑なコラボになったわけだけれど、それからしばらくして、本当に立ち読みの彼は拙著を読了してしまったのである！ バンドのおっかけの少女の青春を書いた僕の小説を全て立ち読み終えてパタンと本を閉じた彼が爽快な表情で去って行くのを僕はシカと目撃した。

「そうか、読後感爽やかだったんだね」

よかった。いや、よくは無い。複雑だ。これ何系の実話書店談なんだ。

『ロッキン・ホース・バレリーナ』大槻ケンヂ／メディアファクトリー

ラッキー・マンと人間VSゴリラの秘伝

ご愛読いただいてきた本連載も今回で最終回である。皆さん、ありがとうございました。最終回に何の本を紹介したらよいだろう？　とりあえず先日『グレッグ・レイク自伝　ラッキー・マン』を読了したところだ。グレッグ・レイクは70年代にデビューしたプログレッシブ・ロックバンド、エマーソン・レイク＆パーマー（ＥＬＰ）のベーシスト兼ボーカリスト、キング・クリムゾンやエイジアのメンバーを務めた事もあった。美声の持ち主で彼が朗々と歌うカントリー調の名曲「ラッキー・マン」はＥＬＰ最大のヒット曲となった。僕は男性ボーカリストではこの頃の彼の歌声が一番好きかもしれない。ＥＬＰは70年代のプログレッシブ・ロックブームに乗って一瞬にして超有名スーパーグループとなる。けれどオーケストラを連れての世界ツアーなどが不発に終わり、パンクの台頭によってアッという間に時代遅れの存在と手のひら返しを世間から受けた。当人らもやる気を無くして「ラヴ・ビーチ」という奇妙なアルバムをメーカーとの契約クリアのためにとりあえず作って活動をやめてしまった。それから何年

もして活動を再開。日本にも何度か来日してくれて僕も観に行って感動した。２０１６年にグレッグ・レイクはがんで亡くなっている。69歳。同年、キーボーディストのキース・エマーソンも亡くなってしまった。彼の場合はピストル自殺であった。いろいろあった生涯を、グレッグ・レイク自身がどのようにまとめているのかとても興味があった。読んでみるとなるほど、読者が知りたいという部分を的確に記しつつ、けして暴露や他人の悪口を書かないで上品にまとめているところが彼の甘やかな歌声そのものだと感じた。善良である。

でもそんないい人の自伝でさへ、80年代のエイジアの現場に関しては「みんながお互いを蹴落とそうとしていた。巨大な陰謀が企てられていたのだ。廊下を歩いて部屋に入ると、必ずどこでもお互いを陥れようとしていて、笑えた」と書いていて、笑えない。どんだけやなバンドなんだそれは。

また、この本にはラストに、結果的になのであろうけれど、ある仕掛けが著者によって用意されている。知らないで読んでいた読者は「あっ」となるかもしれない。僕は知らないで読んでいたのでラストで「えっ、あっ、そうなんだ……」と絶句してしまった。そしてその仕掛けが見事に本のタイトルであるＥＬＰの名曲に集約されている。本を読み終えてパーッと頭の中で「ラッキー・マン」が流れ出した。

他にもいくつか紹介したい本はあった。例えば掟ポルシェ著『男の！ヤバすぎバイト列伝』

だ。ミュージシャンの掟ポルシェさんがバイト暮らしの頃のエピソードを書いた本。とにかく面白くて腹をかかえて笑ってしまう。青春エッセイの大傑作である。そしてまたこの本にも一つの仕掛けがあって、ある北海道の町がラストになって見事に伏線回収されるところの気持ちよさも最高なのだ。表紙は掟さんの半裸の写真で衝撃的である。パンチが効きすぎている。「サイン会の時に他のお客さんが気になるから」という書店員の判断によって店内に並べることが禁じられたという、前代未聞のエピソードを掟さんから聞いた時は、笑った。

真仙明著『ゲームの極意が武術の秘伝』なども機会あらば紹介したかった。本作はタイトルの通り、ゲーム（第二次世界大戦を舞台にしたオンラインゲーム）をやり込んでいたら武術の極意に目覚めてしまった、という青年の著した武術指南の本だ。面白い、としか言いようがない。

「ゲームの中とはいえ、リアルな戦場で対人戦闘を5万回以上繰り返した人間が、ぽっと伝統派空手を始めたわけです」「そこまでゲームをやり込むと、人が変わります」「小学生の頃の自分とは視点がまったく違いました」そのまったく以前とは異なる視点によって武術の秘伝に気付いてしまったという著者が、町を歩いていていきなり背後から棒でぶたれたらよけられるか、というテレビの企画に、やはり自称武術の秘伝に目覚めた系の武術家たちと共に出演したのをたまたま観たことがある。結果は書かないことにしよう。

武術、ということで言えば、2020年というのは武術、中でも空手に関しては重要な年だったのではないかと思う。この年に3冊、注目すべき空手家についての本が出版されたからだ。

小倉孝保著『ロレンスになれなかった男　空手でアラブを制した岡本秀樹の生涯』細田昌志著『沢村忠に真空を飛ばせた男　昭和のプロモーター・野口修評伝』森合正範著『力石徹のモデルになった男　天才空手家山崎照朝』の3冊だ。一応書いておくと、沢村忠はキックボクシングのスーパースターだけど、出身は剛柔流の空手家である。どれも滅法面白いこの2020年空手家3大本、個人的には中でも、単身海外に渡り、フセインの一族にアプローチするが失敗に終わった岡本秀樹の生涯が特に興味深かった。そもそも、空手家についての本は好きでよく読んでいたのに、岡本秀樹という空手家を全く知らなかったから、これは面白く読んだ。それでこの3冊を当連載で紹介したいと思っていたのだが、なかなか機会が無くて出来なかった。紹介するに当たっては、本自体よりも、この2020年の空手家3大本の著者を、お3方ともゲストに招いて話を聞いたラジオ日本の番組「真夜中のハーリー&レイス」について触れてみたかった。空手本で言えば他にも、ゴッド・ハンドの異名を持つ極真空手の創始者マス・大山こと大山倍達が、ゴリラと闘ったというエピソードについて、大山の自伝や彼についての評伝、そしてマンガ『空手バカ一代』にしても、どれもディティールがちょっと、ものによってはかなり、異なって描写されている。一体VSゴリラ戦はどれが本当なんだそれともウソなのか?といった辺りも書いてみたかったけれどもう最終回。紙が尽きた。またどこかでお会いしましょう。

『グレッグ・レイク自伝　ラッキー・マン』グレッグ・レイク
／シンコーミュージック・エンタテイメント

作家の読書道
図書カード三万円使い放題！

ミュージシャンとしての幅広い活動はもちろん、文筆活動でも絶大な人気を誇る大槻ケンヂさん。エッセイでも多くの本や映画に言及されてきた大槻さんに、いま改めて読書遍歴をおうかがいしました。ご自身が小説を書くきっかけとなった話や、最近、小説や読書について感じていることのお話なども。

【ミステリにはまった少年時代】

――いちばん古い読書の記憶を教えてください。

大槻　コナン・ドイルの『緋色の研究』ですね。子供向けに訳されていて、『赤の怪事件』と改題されていたものです。久米元一訳とのことですがすごい意訳ですよね。それを読んだのが小学校2年生くらいだった記憶があります。買ってもらったか、兄が持っていた本でしたが、読んで強烈に面白いと思いました。その後に兄が借りてきたかなにかした江戸川乱歩の『魔術師』を読んだんです。乱歩が大人向けに書いたものを子供向けにリライトした、ポプラ社の少年探偵団シリーズの中の1冊でした。これがもう決定的でしたね。なんてことを書くんだって思ったのを憶えています。

――なんてことを書くんだ、というのは。

大槻　いちばん憶えているのが、肌寒い日に川を泳いでいる人がいて、なんと酔狂なことかといって人々が立ち止まって見ていると、あれは泳いでいるんじゃないぞ、生首だ、と。小さな船に生首がのせられていて、こっちに流れてくるんです。それでみんなぎゃーっとなる。船首には獄門舟と記されているんですが、これは「ごくもんぶね」とルビを振っている本と「ごくもんせん」と振ってある本があります。その場面で、子供向けの本になんてことを書くんだと思いました。その頃、乱歩の少年探偵団シリーズは26巻までは子供向けに書かれた怪人二十面相のシリーズで、それ以降は大人向けに書かれた小説が子供向けにリライトされたものだったんですね。その後権利の問題かコンプライアンスの問題かで発売されなくなったんですが、僕が子供の頃はそれがまだ読めて、その『魔術師』はシリーズ後半の本でした。
　考えてみると『緋色の研究』と『魔術師』って、ちょっと似ているんですよね。復讐の物語っていうところが。今読んでも面白いなと思いますね。

——それまで絵本や児童書なども読まれていたのでしょうか。

大槻　絵本は読んでいたと思います。パンジャが出てくるのってなんでしたっけ……。あ、『ジャングル大帝』ですね（パンジャは主人公の白いライオン、レオの父親の名前）。それの絵本を夢中になって読んでいたとは聞いているんですけれど、自分ではまったく憶えていなくて。やっぱり本に夢中になったのは『緋色の研究』と『魔術師』からですね。

『赤の怪事件』
コナン・ドイル／小学館

『魔術師』
江戸川乱歩／ポプラ社

『ジャングル大帝』
手塚治虫／オハヨー出版

わりと本は買ってもらえたと思います。本を読んでいると「賢い」といって褒められたんですね。褒められるんで嬉しいというのもあって、さらに本を読むようになったんだけど、あれは今にして思うと、男兄弟2人だったのでうるさかったんでしょうね。本を読ませておけば賢二が静かになるってことで読書を推奨されていたんじゃないかと近年気づきました。

——本を読んでいない時間は活発な子供だったのですか。

大槻　そういうわけでもなくて。学校ではひょうきん者だったんですけれど、どちらかというと内に閉じこもる性格で、それがまた読書向きだったのかもしれません。

——子供の頃に少年探偵団のシリーズを読んだ人って、たいてい子供向けのホームズやルパンのシリーズにも手を伸ばす印象があるのですが、いかがでしたか。

大槻　そうですね。ミステリというものに興味が出て、子供向けのそういう本を読んで、夏休みの宿題でなにか推理小説についてレポートを出したことがありました。世界にはこんな探偵がいるということで、メグレ警視とか隅の老人とかについての解説を書いてましたね。

——小学生の頃にもう「メグレ警視」シリーズや『隅の老人』をお読みになっていたのですか。

大槻　一応読んでいました。小学生で本に興味を持つようになって、最初はお金がないので図書館なんかにも行っていたんですが、小学4、5年生になるとお小遣いでちょっと文庫本が買えるようになったんです。その頃にちょうど横溝正史や森村誠一が原作の角川映画のブームが来たんですよ。特に横溝正史の角川文庫は持っているだけで嬉しかったですね。不気味な雰囲気がよかった。本を読むのも好きだったけれど、本を所有する喜びってありましたよね。今でいうとフィギュアを集めるような気持ちなんでしょうかね。当時の一部の小学生の間では、背伸びして文庫本を持っているのが格好いい、というのがありました。それで頑張って、横溝正史の『犬神家の一族』とか『獄門島』とか『本陣殺人事件』、森村誠一の『人間の証明』とか『野性の証明』を集めました。楽しかったですね。それで思い出しましたけれど、全3巻の鮎川哲也編集『怪奇探偵小説集』があって、そういうのを夢中で読んでいました。やはり乱歩から入ったので、猟奇的なムードが好きでした。

ちょうどその頃、よくラジオで本の宣伝をしていたんですよ。森村誠一、横溝正史、平井和正の本はよくラジオＣＭで耳にしていました。平井和正の「ウルフガイシリーズ」のＣＭはラジオドラマ調で「ワオーン！」とか叫んでいましたよ。

――好きな探偵などはいましたか。

大槻　やっぱり金田一耕助です。映画では石坂浩二の演じた金田一はよかったですね。非力な感じなんだけど、いざという時に前に出てくる。風のように現れて、風のように去っていくっていう。明智小五郎は、びしっとする前の、『Ｄ坂の殺人事件』の頃の書生スタイルの明

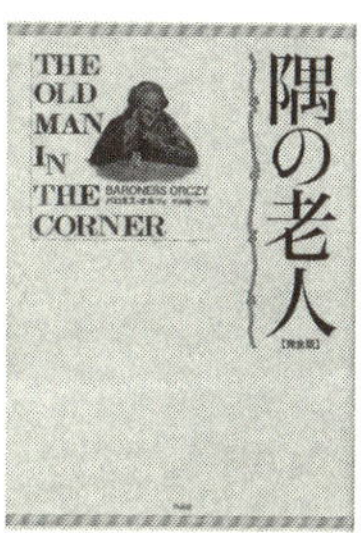
『隅の老人【完全版】』
バロネス・オルツィ
作品社

『犬神家の一族』
横溝正史／角川文庫

智のほうが好きです。あと、コロンボも好きですね。ちょっとよれよれしていて弱そうなんだけれど、いいところで活躍するっていうタイプのほうが親近感を持った。

――ラジオもよく聞いていたのですか。

大槻　聞いていました。僕の家はわりとテレビのルールが厳しくて、土曜日だけドリフの「8時だヨ！全員集合」は見られましたけれど、あとは7時から8時までしかテレビが見られなかったんです。それ以外の時間は勉強部屋と称した狭苦しい部屋にいるしかなかった。それで、やることがないんで、中学生くらいになると深夜放送を聞くか、本を読むしかなかったんですよ。スマホとかもちろんないから。

親のいない時にテレビをつけて、たまたま「ウルトラセブン」の再放送が見られたりすると「ラッキー！」みたいな感じでした。でも「刑事コロンボ」のドラマはたまに見せてもらえました。あのドラマを小説化した本も出ていたので、よく読みました。『殺人処方箋』とか『別れのワイン』とか『溶ける糸』『ルーサン警部の犯罪』とかを憶えています。「溶ける糸」は「スター・トレック」のスポック、レナード・ニモイが犯人役だった。「ルーサン警部」はスタトレのカーク艦長が犯人役でね。

中学生くらいになるとお小遣いももうちょっともらえるようになったので、チャリンコで近所の本屋さんや古本屋さんを巡って文庫本を買ってくるんですよ。東京だったので書店とか古本屋さんがいっぱいあったんですね。チャンドラーの『長いお別れ』なんて中学生がわかるわけないのに、若いから最後まで読み切っちゃうんですよね。

『長いお別れ』はよくわかんなくて、大学の時にもう一回、その後にもう一回、3回読んだけど、今だに内容よくわかんないんだよね。エラリー・クイーンの『Yの悲劇』なんかも難しかったけれど全部読めた。今思うとよく読んだなあ…。

――名作を押さえている印象ですが、本の情報ってどのように入手していたのですか。

大槻　本屋小僧だったので、ずっと本屋さんにいるわけですよ。文庫本の棚の前でじっと見ていると、だんだん「これは読んどかなきゃいけない本だ」とか「これはマスターピースなんだろう」とわかってくるんです。それと、新刊が出ると、本のほうから「これを読め」っていうビームが出るんですよね。それを選んでいれば外れがないっていう時期がありました。最近ちょっと衰えてきちゃって、本があまり呼んでくれない。本から出るビームを受け取れなくなってきちゃったんだよな…。

読んでいる本に『Yの悲劇』が出てきたりして、これは読んでおかなきゃいけない本だなと知ることもありましたね。日本のミステリ作品では『虚無への供物』と『ドグラ・マグラ』と『黒死館殺

『刑事コロンボ　殺人処方箋』
ウィリアム・リンク、リチャード・レヴィンソン
竹書房文庫

『長いお別れ』
レイモンド・チャンドラー
ハヤカワ・ミステリ文庫

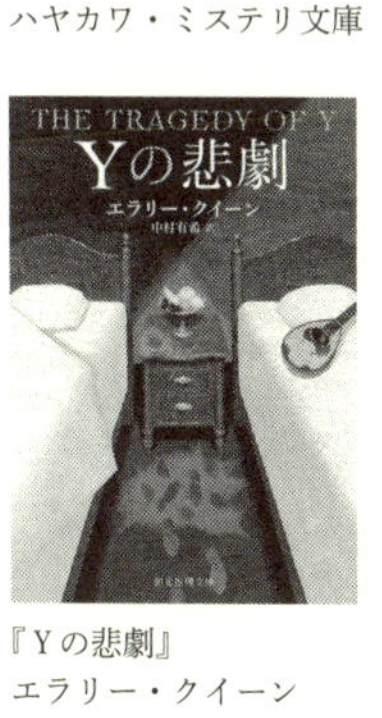

『Yの悲劇』
エラリー・クイーン
創元推理文庫

人事件』は読むべきなんだな、などとわかってきて、一応買って頑張って読んでみるっていう。『ドグラ・マグラ』は最初、上巻で挫折して、2度目で中巻までいって挫折して、3度目のトライで全部読み切ったかな。あれは面白かった。

文学なんかも、わかりゃしないのに押さえなきゃいけないと思って、それなりのものを買って読んでいました。「なんだこりゃ」というのもありましたけれど。

僕、中学高校時代、学校で一分一秒も勉強しなくて、塾行っても勉強しなかったんで、このままでは本当に本当の馬鹿になると思って。せめて自分なりになにか勉強しなきゃいけないっていう気持ちがあって、それで本を読んで映画を観ようと思ったんですね。学校でも教科書の陰で文庫本を開いて、1時間目から6時間目まで読んでいました。若いからそれで1冊読み切っちゃうんです。一度先生に見つかったんですが、その時に読んでいたのが安部公房だったんです。先生が「なにやってんだ」って言ってぱっと本を取り上げて、安部公房だというので「おっ、お前こういうの読むのか…やるな」といって感心してくれた。

その先生にもう何回か見つかったんですよ。それが1回カート・ヴォネガットの『タイタンの妖女』だったんです。あれも名作なんだけれど、その頃の『タイタンの妖女』の表紙って今と違って、もっとSFアドベンチャーものぽかったんですよ。その時は本を返してもらう時に、先生が「お前ちょっと格が下がったんじゃないか」みたいな感じで、いやそうじゃないんだヴォネガットっていうのはある意味文学的なんだしSFで何が格が下がったっていうんだよ、心で思いながらも何も返せなかったのを今思い出しました。

【SF小説、漫画の影響】

――SFもよく読まれていたのですか。

大槻　昭和40年男あるあるなんですけれど、小中学生の頃に星新一先生のショートショートに出会うわけですよね。「ボッコちゃん」とかさぁ。それでさらに読書の楽しみを知って、その後、筒井康隆先生を読むんです。『農協月へ行く』とか『にぎやかな未来』といった短篇集や、『家族八景』『七瀬ふたたび』『エディプスの恋人』の七瀬シリーズとか。あのあたりを読んで衝撃を受けました。その流れで、当時やはり流行っていた平井和正先生の「ウルフガイ」シリーズをよく読むようになりました。犬神明という主人公が狼男のシリーズです。少年犬神明を主人公にしたウルフガイシリーズと、大人の犬神明を主人公にしたアダルトウルフガイと2つあった。

　中学時代は星新一、筒井康隆、平井和正の他には眉村卓も読んだし、『ねらわれた学園』とかね。小松左京も難しかったけれど読んだかな。『復活

『ドグラ・マグラ』
夢野久作／角川文庫

『タイタンの妖女』
カート・ヴォネガット・ジュニア／ハヤカワ文庫SF

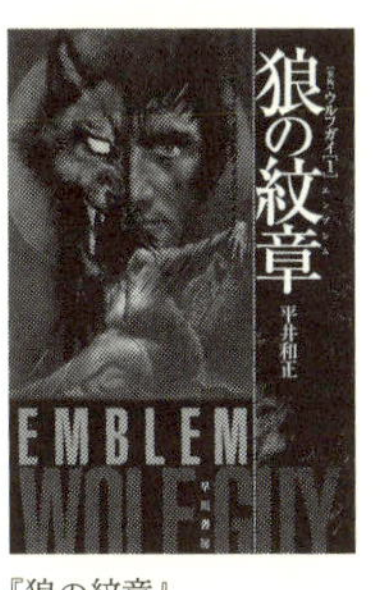

『狼の紋章』
平井和正／ハヤカワ文庫JA

の日』『日本アパッチ族』そういう先生たちの本を読むと必ず、この本いいな、と思うものが出てくるじゃないですか。それで高校生になると、ハヤカワ文庫の水色の背表紙や白色の背表紙あたりを読むようになるんです。アーサー・C・クラークの『幼年期の終り』とかロバート・A・ハインラインの『宇宙の戦士』とか。あとレイ・ブラッドベリとかね。『10月はたそがれの国』は創元推理文庫だったかな。思い出すと…ジョン・ウインダム『さなぎ』『呪われた村』ジェイムズ・P・ホーガン『星を継ぐもの』ディック『流れよ我が涙、と警官は言った』ジャック・フィニイ『盗まれた街』ヴォネガット『猫のゆりかご』『スローターハウス5』オラフ・ステープルドン『オッド・ジョン』テッド・ホワイト『宝石世界へ』オールディス『地球の長い午後』ハインライン『異星の客』フレドリック・ブラウン『天の光はすべて星』…なつかしい、青春です。

――読書の中心はミステリとSFだったんですね。

大槻　やっぱり推理小説とSFっていうのは、非文学、アンチ文学という面がありましたね。そういう大きな世界があって、その世界の中でもクラシックと呼ばれるものとニューウェーブと呼ばれるものがあるんだとわかってくる。クラシックもばんばん出ていたし、新しいものもばんばん出てきて、非常にいい時代でした。いちばん本を読む時期に、そういうのが体験できたのはよかったなと思います。でも本当のマニアにはかなわないっていうのを思い知らされた時期でもありました。中高生時代、俺はSFでもミステリでもマニアの世界には入り込めないな、「広く浅く」だなと思っていました。

――勉強はまったくしなかったとおっしゃってましたが、国語の授業とか作文はあまり印象に残っていないですか。

大槻　現国は好きでしたよ。明らかに文系の子供でした。国語の教科書に載っているような作家も一応読みました。井伏鱒二の「山椒魚」が結構考えさせられるなと思ったのは憶えています。芥川龍之介もよかったですよ。短いし読みやすいし、ちょっとおどろおどろしいし。

でも夏目漱石なんかは、ちょっと時代が古いぞ、という感じがありました。僕は中村雅俊が教師役で主演したドラマ「ゆうひが丘の総理大臣」が夕方4時に再放送されているのを見て育った世代なんですよ。あれはもう完全に、下敷きが『坊っちゃん』なわけです。だから『坊っちゃん』を読んでも、「なんだこれ『ゆうひが丘の総理大臣』じゃないか」っていう。古いよ、もっとブラッシュアップしたやつを見てるよ、みたいな気持ちでした。結局、あの頃の先生もののドラマって、みんな『坊っちゃん』でしたよね。

『こころ』も一応読んだんですよ。でも何かわかんなかった。てか、あんな長い手紙書いてくるや

『宇宙の戦士』
ロバート・A・ハインライン
ハヤカワ文庫SF

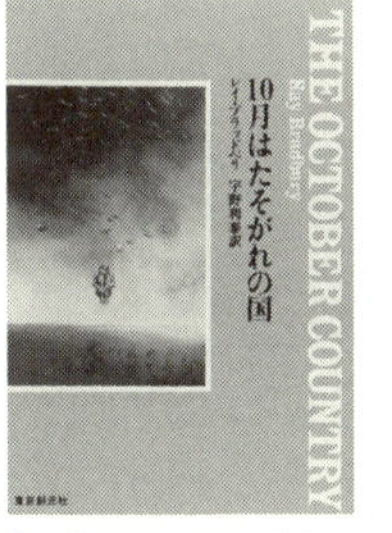

『10月はたそがれの国』
レイ・ブラッドベリ
創元推理文庫

『スローターハウス5』
カート・ヴォネガット・ジュニア／ハヤカワ文庫SF

つは迷惑だよ！
一応いろいろ文学にも挑戦したんですけれど、わからないものが多かった。三島由紀夫の『金閣寺』はやべえって思いましたけれど。川端康成の『伊豆の踊子』は普通に泣ける話だなと思ったのは憶えている。あと『雪国』のエンディングのバッサリ終わる感じがすごいなと思いましたね。当時、僕は少年漫画も好きだったんですが、僕の好きな漫画ってちょっとマニアックで、連載が打ち切られることが多かったんです。いきなり話が終わることが多かったので、『雪国』を読んだ時に、ちょっと「ジャンプ」の打ち切り漫画みたいだなって思いました。僕の世代ならではの連想ですね。『ヘミングウェイ短編集』は好きだった。戦争帰りでボンヤリしている若者の話とか、学生の頃自分と重ねたもんです。あ、高校の頃「老人と海」で校内感想文コンクールで一位になった。あれ、老人がライオンの夢を見てるでしょ、だから「ライオンの夢なんて見たことない」って一行目で始めたら、先生に受けてもらって。いろんなエッセイを読んでたから、読者に受けてもらう書き出し方を心得てたんですよ。

――漫画で、影響を受けたと思うものはありましたか。

大槻　それはもう、永井豪先生の『デビルマン』です。あれに出会ったのは小学校2、3年生の頃だったのかな。読書体験として、あの衝撃を超えるものはないです。『デビルマン』の最終回が僕のすべてを決定づけましたね。主人公の不動明の身体が半分に切れて、サタンの飛鳥了と二人で並んで喋るシーンがあって、その二人を消滅させるために神が迫っている、というところで終わるんです。善と悪をひっくり返していて、もうコペルニクス的発想の転換というか。

残酷描写にしろ何にしろ、すべて『デビルマン』が原点ですね。『デビルマン』に始まり、『デビルマン』に終わると言っていいくらい。僕は小説を書く羽目になって『新興宗教オモイデ教』を書いた時、それまでいっぱい観てきた映画も頭にあったけれど、やっぱり永井豪先生の作品を意識していたところがあります。『バイオレンスジャック』『イヤハヤ南友』『魔王ダンテ』。もちろん、永井豪漫画には遠く及びませんけれども。そうしたら、文庫版で永井豪先生が漫画で解説を描いてくださって、あれは本当に嬉しかった。

もう一人は、諸星大二郎先生です。少年ジャンプの手塚賞に突然「生物都市」って諸星先生の作品が載って、その次の回の赤塚賞はコンタロウ先生じゃなかったかな、両方とも漫画として革命的に新しかった。諸星先生の短篇漫画の影響は強烈に受けていますね。短篇集は数限りなく出ているし、出版社によって収録されている作品が違うんですけれど、どれを読んでも面白いです。僕は『不安の立像』とか、『夢みる機械』といった短篇集なんかを読みましたね。

それと、高校生の頃にサブカル好きの男子が少女漫画を読むのがイケているという風潮があったんです。その頃はまだオタクって言葉は一般

『デビルマン』
永井豪／講談社

『夢みる機械』
諸星大二郎／創美社

的じゃなかったと思うけれどオタク的な雑誌が多少あって、そういうのを読んでいると、このへんを押さえておけっていうのがいくつか出てきて、そういう流れだったんじゃないですかね。なぜか「別冊マーガレット」と「ＬａＬａ」を読んでいる奴はいっぱしだっていうヘンなブームがあった。それでオタク男子も萩尾望都先生と大島弓子先生と山岸凉子先生と竹宮惠子先生とかを読んでいた。僕は大島弓子が大好きだったんだけど、そうするとやっぱりブラッドベリの影響があるなとか思うわけですね。大島弓子は『綿の国星』がリアルタイムで大好きでした。コミックスで買うとついてくるちょっとした短篇も好きでした。「赤すいか黄すいか」とか。「たそがれは逢魔の時間」とかは猛烈に素晴らしいと思いました。他に『ダイエット』とかね、どれも名作過ぎて、ア然としながら読んでいた。

そうしたオタク系の雑誌で紹介されていたから安部公房みたいな作家も読んだんじゃなかったかな。あの頃は寺山修司も好きでよく読んでいたんですけれど、今読むとさっぱりわからないですね。あの頃はビンビン響いていたのに、不思議ですよね。あの時期に読めてよかったなと思います。

――安部公房や寺山修司は何を読んでいたのですか。

大槻　安部公房は『他人の顔』とか。『箱男』はね、何がなんだかわからないながらに、なんかすげえなって思った記憶があります。

寺山修司は、競馬ものと戯曲以外はたいがい読んでますよ。『書を捨てよ、町へ出よう』とか『家出のすすめ』は夢中で読みましたね。なんか青春の病みたいなもので、その年頃で読むとガーンときちゃうんですよね。もしももう少し生まれる時代が早かったら、僕は間違いなく寺山修司のところ、つまり「天井桟敷」に行ってて、「とにかく何かやらせてくれ」って言っていたと思います。

寺山修司が書いたものってほとんど先行作品のコラージュだったと言われていますよね。それが上手かったっていう。で、寺山が好んだ「起こらなかったことも歴史のうちである」なんて言葉を読んでガーンときていました。今でいう転生ものじゃないけれど、現実にはなくてもマルチバースではあるかもしれない俺の現実みたいなものがある気がしていました。家出をしていたかもしれない自分とか、ボクサーになっていたかもしれない自分とか、そういうあったかもしれない自分を考えて、一人青春の悶々をしていました。

それと、僕は漫画原作者の梶原一騎直撃世代なんです。僕らの時代に少年漫画誌に連載されていた『空手バカ一代』なんかは、大山倍達という空手家の生涯を描く漫画なんですね。のちに検証されて、そのほとんどが嘘だったってわかったんですよ。でも当時、僕らは全部信じていたんです。実際には起こらなかったことが、僕ら読者の世界

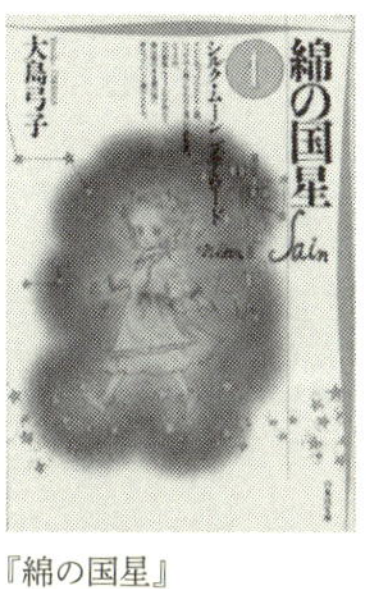

『綿の国星』
大島弓子／白泉社漫画文庫

『箱男』
安部公房／新潮文庫

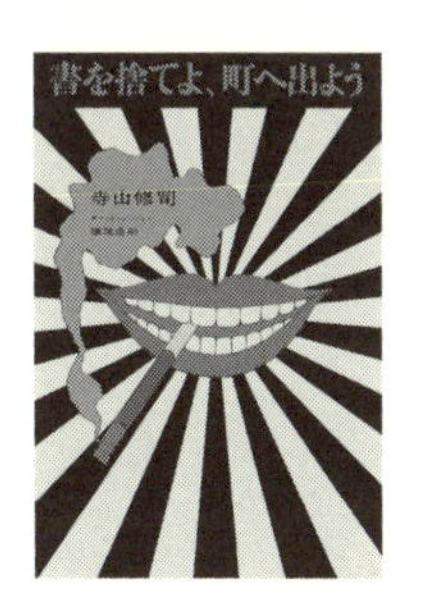

『書を捨てよ、町へ出よう』
寺山修司
トゥーヴァージンズ

には実際に起きたことになっていた。

もうひとつ、梶原一騎原作で大山倍達やプロレス界のことを描いた『四角いジャングル』っていう漫画があったんですけれど、これは強烈で、ほぼ梶原の妄想で描かれているんです。けれど妄想が現実を追い越したんですね。漫画ではミスターXという空手家を登場させて試合をするんですが、現実でも、本当にミスターXという空手家が登場して、アントニオ猪木と闘うことになったんです。これがまた世紀の大凡戦と言われてる、ひどい試合だったんですけれど。

寺山修司も嘘ばかり言っていたんですよね。自分のお母さんのこととか、自分の出生とかも、本によって全然違うんです。現実とは違うけれど、あったかもしれない自分を書いていて、それで面白ければいいじゃないかっていう。

その時はよくわかっていなかったけれど、ある意味、「マトリックス」ですよ。「マトリックス」よりも何年も前に、僕らの世代は梶原一騎と大山倍達とアントニオ猪木と寺山修司によって「マトリックス」を体験したんですよね。仮想現実とかマルチバースとかといったものを、フィリップ・K・ディックやウィリアム・ギブスンとかではなく、梶原一騎、大山倍達、アントニオ猪木、そして寺山修司によって教えてもらっていたんだな、って思いますね。

【映画館に通う】

――映画もたくさん御覧になったとのことですが。

大槻　本もそうだけど、なんか少年の頃、時代的にも映画信仰みたいなものがあって、映画をたくさん観ていればそれなりの人間になるんだみたいに多くの人が思っていたと思うんです。あの頃は自分の肉なり骨なりにするために観る、みたいな気持ちがありました。

でも、今って配信でみんなバンバン映画を観ているじゃないですか。別に映画にはそんなに興味ないよっていう人でもいろいろ観ていて、本当に敵わないですよ。だからってみんなクリエイターになってるわけじゃないので、映画をたくさん観てもクリエイティブになるわけじゃないんだって気づいて、なんか最近アイデンティティクライシスじゃないけれど、ちょっとショックを憶えています。

――配信もなくて何度も繰り返して観られないぶん、一回ごとにすごく集中して観ていたのでは。

大槻　そうなんでしょうかねえ、名画座で集中して観ていました。オールナイト上映にも行っていましたね。今思うと、なんであんなに集中して映画を観たり本を読んだりできたのか不思議ですね。本だって1日で1冊2冊は読んでいたもん。

――映画の上映情報はどこで入手していたんですか。

大槻　「ぴあ」と「シティロード」と、あとは名画座に行くと上映情報の載ったチラシとか、無料の小冊子とかがありましたよね。池袋文芸坐とかにね。それで中高時代は、吸い寄せられるように本屋と古本屋と名画座をぐるぐる回っていました。

――その頃は名画座もたくさんあったのでは。

大槻　ありましたね。「ぴあ」か「シティロード」という雑誌を持っていくと500円で映画2本くらい観れたんです。下手すると350円で2本観れるところもあった。それで自転車に乗って、中野だとか池袋、高田馬場、新宿あたりの名画座に通っていましたね。

――池袋の文芸坐とか…？

大槻　そうそう。池袋は文芸坐と文芸坐地下とか、ル・ピリエとか。高田馬場には早稲田松竹とかパール座というのがあったし、中野には中野名画座や中野武蔵野ホールがありました。新宿はテアトル新宿がまだ名画座だったと思う。新宿ローヤルという名画座もありました。ここはアクション映画ばかりやってた。レンタルもあったけれど、ビデオが1泊1000円とか1200円でしたからね。とてもじゃないけれど借りられなかった。借りるようになったのは大人になってからです。

とにかく名画座でたくさん観ました。だんだんマニアックな方向にいって、「ぴあ」のフィルムフェスティバルの入選作とか、字幕もついていない直輸入の映画の上映会とかにも行っていました。狭いスタジオに体育座りさせられて、スクリーンがないなと思っていたら、そんなに大きくもないテレビとビデオデッキが運ばれてきてスタッフの人がうやうやしくVHSを持ってきてガチャッと入れて、「え？　これで観るの？」と思ったらそうで。それでみんなでデヴィッド・クローネンバーグ監督の「ビデオドローム」を観たこともありました。そういうのも行くようになるともう、冥府魔道のサブカルオタク街道ですね。自主映画の上映会にもよく行った。今関あきよし、犬童一心、手塚眞監督などの初期作品とか観に行った。

あと、本当はいけないんですけれど、中高生の頃からいわゆるポルノ映画ピンク映画も観に行ってました。ポルノ、ピンク映画は4本立てとかなんですよ。今にして思うと、そういうので観ていたポルノ映画って、井筒和幸、高橋伴明、森田芳光といった今や巨匠と呼ばれている人たちが撮っていたんですよね。「おくりびと」でアカデミー外国語映画賞をとった滝田洋二郎の作品では「はみ出しスクール水着」っていうのは馬鹿エロコメディで、とってもくだらなかった。でもあとから知ったんですけれど、それの音楽を僕の友達がやっていたんです。僕は友達にものすごく上手いミュージシャンが多かったんですが、そいつらは高校くらいからアルバイトでポルノのレコーディングとかをしていたんです。それで、「はみ出しスクール水着」の話になった時に、「それ、俺音楽やったわ」って。

高校の時も、僕は暴れるタイプの不良ではなくて、やさぐれてしらけた嫌な感じの不良生徒で、修学旅行先の京都でドロップアウトしてピンク映画を観に行こうとしたんですね。恥ずかしいんですけれど、自分なりの反抗のつもりで。それで観ようとしたピンク映画のポスターを見たら、友達の名前があって。その映画の音楽も友達がやっていたんです。そうこうしているうちに先生につかまって、結局その映画は観られなかったんだけれども。「穴のにおい」ってタイトルだった。

――本や映画の情報を共有できる人は周囲にいましたか。

大槻　映画なんかは、後になって誰かと話していると「あの時の変な上映会に俺もいた!」「え、いたの?」みたいなことになって、それはサブカルあるあるですね。

本について話す人はほぼいなかったんですけれ

ど、筋肉少女帯の初代ドラマーの鈴木直人君は小学校が一緒で、彼はいろんなものが好きで、小説も好きだったのでそういう話ができたかな。

あ、思い出した。筋肉少女帯のアルバムデザインなんかをしてくれた占部君という同級生が、もう亡くなっちゃったんですけれど、多少小説を読む人だったのでよく話しましたね。それと、池上陽水という名前でミュージシャンをやっていた羽場達彦君も、若くして亡くなっちゃったんですけれど、彼も本が好きでよく話しました。羽場君はジェフリー・アーチャーの『百万ドルをとり返せ!』なんかを読んでいました。僕も借りて読んだ。ウィリアム・ピーター・ブラッティの『エクソシスト』を貸してくれたのは占部君だったかなあ、羽場ちゃんだったかな…。

——『エクソシスト』といえば、ホラー小説やホラー映画は好きでしたか。

大槻　好きでした。小さい頃は怖かったんだけれど、中学生くらいの頃に頑張ってホラー映画を観に行って、恐怖を乗り越えてからは好きになりました。1992、3年くらいまではわりと観に行っていたかなあ。でも、2000年代に入ってからだんだんホラー映画の残酷描写がリアルなものになっていったんですよね。昔の残酷描写ってちょっと笑っちゃうところがあったじゃないですか。今のものってあまりにもリアルで、おぞましくて、ちょっと観ていられなくなりました。最近はまたちょっと観に行くようになりましたけれど。

ホラー小説は、ホラーというかラヴクラフトの『インスマスの影』とかね。ベタだけどスティーヴン・キングとか、読んでいました。キングの『シャイニング』とかも上下巻でちゃんと読んだもんな、なんであんなに読み切るパワーがあったんだろう。

——『シャイニング』はキューブリックの映画もありますよね。キングご本人は気に入ってなかったそうですが。

大槻　キングはもっとポップな馬鹿馬鹿しいものが好きで、キューブリックの映画はちゃんとしすぎて嫌だったんじゃないかなあ。ホラー映画だと「シャイニング」も好きだったけれど、僕は「悪魔のいけにえ」とか「ゾンビ」とかが好きでした。

　世の中で僕だけが好きなんじゃないかっていう、若者向けの「ファンタズム」というホラー映画があったんです。第1作が僕が中学生だった1979年公開で、低予算の映画だけど結果的に第5作までできたんです。主人公が僕と同世代で。トールマンという背の高い謎の男が現れて、シルバー・スフィアっていう銀の球体が襲ってくる不条理ホラーで、僕はとても好きです。その頃って、映画のノベライズがいっぱい出てたんですよね。その流れで「ファンタズム」のノベライズもあるらしいんですね。あれをどうやって小説にしたんだろうと思って、その本は今でも探しています。

——若者向けといいつつ、めっちゃ怖いんですか。

大槻　いや、怖くもないです。ただ、たとえば「2001年宇宙の旅」って不条理がゆえにみんなが考察する

『インスマスの影』
H・P・ラヴクラフト
新潮文庫

『シャイニング』
スティーヴン・キング
文春文庫

映画になったじゃないですか。あれは今の映画考察ブームの先駆けだと思いますが、「ファンタズム」はさらになんだかよくわからない映画だったんですよ。ただ作り手が下手なだけだったかもしれないけれど、僕は当時、「ファンタズム」を「2001年宇宙の旅」のように、何か深いものがあるんじゃないかと思って観ていたんですよね。僕にとっての「2001年宇宙の旅」だったの。

続編はどんどん予算がなくなっていって、どんどん酷い映画になっていくんです。でもね、「ファンタズム5」のラストは、なんかジーンとくるんですよね。最後は主要キャストしか出てこなくて、そこがなんというか、いろいろあったけれど、俺たちにはこの「ファンタズム」という映画が青春だったんだな、これしかなかったんだよ、という、彼らの諦観と自己肯定感が入り混じって、なんか切ない。ずっとシリーズを観てきた人にもジーンとくる終わり方なんです。

なんか、いろいろ思い出してきました。ショーケン（萩原健一）の「青春の蹉跌」という映画を観て、石川達三の原作を読んだりもしたなあ。

——小説が映画化される時って、原作を先に読むか映画を先に観るか迷ったりしますよね。

大槻　ありますよね。「野性の証明」なんかは原作を先に読んでいたけれど、映画は原作の話が終わったところから一番面白いところが始まるんですよ。

——「野性の証明」って、高倉健さんや薬師丸ひろ子さんが出ていた作品ですよね。元自衛官の男が、虐殺事件の生き残りだった少女を引き取るのだけど、実は…という。

大槻　そうそう。薬師丸ひろ子の演じる娘が、本当のことに気づくところで確か小説は終わるんですよ。映画ではそのあと、高倉健と悪い自衛隊との戦いが始まって、その部分が一番の観せどころなんです。それってスゴくないですか？　あそこまで話を付け足すのはすごかったな。

　それでいえば、もうひとつ忘れられないのが、「スター・ウォーズ」ですね。あれはもう、日本公開の1年前からテレビとか雑誌で話題になっていて、映画公開よりも先にノベライズ版が出版されて、僕はそれを先に読んじゃったんですよ。うかつでしたね。映画を観て、「いやもうここでハン・ソロが助けに来るって知ってるから」ってね。あれは、自分が知ってることを確認しに行く作業みたいなものでしたね。

　あ、確認する作業というのでひとつ思い出しました。

【アジア旅行記、オカルト本】

――思い出したというのは、なんでしょう。

大槻　僕の中高大学時代は、若いもんが海外旅行なんてなかなか行けなかったんですよ。特にイ

『ファンタズム』
ドン・コスカレリー
二見書房

『青春の蹉跌』
石川達三／新潮文庫

『野性の証明』
森村誠一／角川文庫

ンドなんて行けなかった。僕はアジアの旅行記が大好きで、バックパッカーたちの聖典みたいに言われていた蔵前仁一さんの『ゴーゴー・インド』とか『ゴーゴー・アジア』、沢木耕太郎さんの『深夜特急』、下川裕治さんの『12万円で世界を歩く』、妹尾河童さんの『河童が覗いたインド』といったアジア放浪本を相当読んでいたんですよ。

それで、23、4歳の頃にはじめてインドに行ったんです。「本に書いてある通りだな」っていうのが一番の感想でした。本に書いてあることを確認しに行った旅みたいになっちゃった。蔵前さんの本なんて、ご本人がイラストレーターだから克明な絵が描かれてありますしね。昔はカルカッタと呼ばれていたコルカタの、バックパッカーたちが集まるサダルストリートという安宿街に物乞いの人がたくさんいるっていうことも本で読んでいたから、行ったらショックを受ける前に「ん？書いてあった通りだな」って思った。確認の旅になっちゃったのは失敗でした。本も読めばいいってものでもない。でも、それから30年40年経ってますから、今行くとまた全然違うんでしょうね。

そういう旅行記を読みつつ、エッセイもたくさん読みました。80年代くらいには昭和軽薄体なんて言われかたもした、「〜しちゃったんでR」みたいな書き方のライトエッセイですね。椎名誠さんとか、嵐山光三郎さんとか、南伸坊さんとか。椎名さんで最初に読んだのは『さらば国分寺書店のオババ』だったかな。そこから『哀愁の町に霧が降るのだ』や『インドでわしも考えた』など、もう、超読みましたね。

そういう、難しいことを簡単にわかりやすくお喋り文体で書く、みたいなことが80年代にものすごく流行って、中島らもさんもその流れの一つに入れてもいいのかもな。そのあたりは僕はもう本当に影響を受けました。

――ノンフィクションはよく読みますか。

大槻　ノンフィクション、とは言いがたいんですけど…30歳手前くらいの頃に、UFOとかそれ系のオカルト本が出るとわりと買う、という時期がありました。92年くらいかな、と学会というのが設立されたんです。亡くなったSF作家の山本弘さんなんかが立ち上げて、たとえばオカルト本などを懐疑的に読んでいくっていう集まりです。その現象が実際はどうなんだっていうのを突っ込みをいれながら読んでいくんですよね。僕もそう、とんでもないことが書いてあるオカルト本を面白がる懐疑派としていろいろ読んでいました。

最初に、新人物往来社から出た、稲生平太郎さんという方の『何かが空を飛んでいる』を読んだんですよね。喋り口調の文体で、UFO現象をひとつの都市伝説、民間伝承ととらえて、そうした伝承はなぜ生まれたのかを考察していくんです。UFO現象は妖精や妖怪といった伝承とどこがどう合致するのか、みたいなことも書かれてあっ

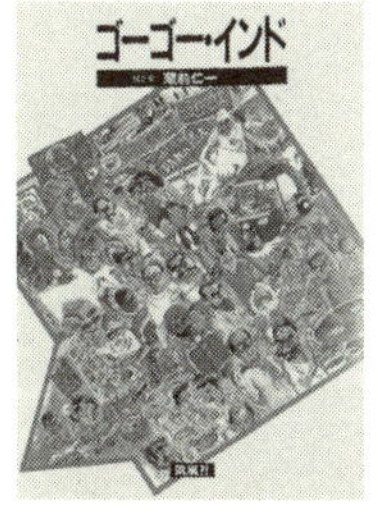

『ゴーゴー・インド』
蔵前仁一／凱風社

『河童が覗いたインド』
妹尾河童／新潮文庫

『さらば国分寺書店のオババ』
椎名誠
情報センター出版局

た。そういう考え方は海外にはあったんですけれど、日本ではそれほど知られていなかったんですよ。それまでUFOについては、空飛ぶ円盤や宇宙人が本当にいるのかどうかという論争が主だったんですよね。そうした「いる」「いない」ではなく、UFO現象という物語をどう解釈するかという考え方が、当時の僕にはものすごくショッキングで、そこからズルズルっと入っちゃいました。

この方ももう亡くなっちゃったんですけれど、志水一夫さんというオタク的なものを論評する人が書いた『UFOの嘘』という本もありました。UFO番組なんかにどれだけ演出が施されているのかを勉強していく本で、これも斬新だった。志水さんはと学会の会員だったので、そこからと学会の人たちの怪しげな事件に対する興味の持ち方に僕も興味を持ったんです。一時期、と学会本は出せば売れる状態で、ものすごくたくさん本が出ていたので、それもあってあまり小説を読まなくなっちゃったのかな。

コロナの時には陰謀論懐疑派の本がたくさん出ましたけれど、そういうのも面白く読みました。Qアノンについてとか。最近はオカルトに対して、ビリーバーとは言わないけれど、そこまで否定派でもなくなってきています。ないこともなくもないかもしれないな、くらいにはなってきているかな。

【文筆業について】

――ご自身で文章を書き始めたのはいつ頃ですか。

大槻　僕が最初に小説を書いたのが小学校2、3年生の頃でした。それはバラバラ殺人の話で、親に赤字で誤字脱字を全部添削されたっていうね。添削するのはそこじゃないだろうと思いましたよね。

その後は小学生の時に友達の遠山君とＳＦ小説を連作で書いていました。その時、僕は伏線を張ったんですよ。たぶん『犬神家の一族』の影響だと思うんですけれど、ゲートルを巻いた謎の男を登場させたんです。そうしたら遠山君が、「突然出てくるこれはなに?」って言って、伏線というのを理解してくれなくて。それで途中で終わっちゃったことを憶えていますね。その後は中学の頃に、筋少の内田くんと漫画を一緒に描いて、これはバンドに変わっちゃった。

あ、思い出しました。「ビックリハウス」にエンピツ賞というのがあったんですね。文学賞の敷居を外してなんでも書いていこという賞があって、中学生の時だったかな、その選外佳作になったことがありますね。審査員が糸井重里さんで、原稿用紙ではなくノートの切れ端に書いてくる者がいたけれど、それはよくない、みたいなことを書かれていて。ノートの切れ端に書いて応募したのって僕だったんですよ。だからもし原稿用紙に

『何かが空を飛んでいる』
稲生平太郎／新人物往来社

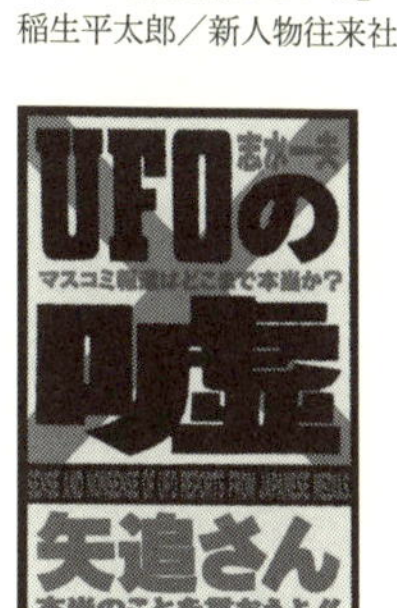

『UFOの嘘』
志水一夫／データハウス

『牛への道』
宮沢章夫／新潮文庫

書いて応募していたら佳作くらいにはなったかなと思ったりして。

あとは高校の頃に、蛭子能収さんの影響を受けて、13～4枚くらいのシュールな漫画を描いたことがあります。「オマンタのイケニエ」ってタイトルだった。その頃、白夜書房がエロとサブカルを混ぜ合わせたような雑誌を出していたので、そこに持ち込もうとして電話したら、午前中だったのでまだ誰も編集部に来てなくて、それで心が折れてやめたことがあります。

――その後、雑誌でエッセイをいろいろ書かれるようになりますよね。

大槻　80年代、90年代は、ミュージシャンがエッセイを書く機会が多かったんですよ。当時は「ビックリハウス」とか「宝島」といったサブカル雑誌があって、みうらじゅんさんとか、中島らもさんとか、いろんな人が書いていた。杉作J太郎さんのコラムも楽しみに読んでいましたから、自分もそうしたものが書けるとなった時は、嬉しかったですね。

あの頃、「週刊プレイボーイ」に対して「平凡パンチ」という雑誌があったんですけれど、だんだん部数が落ちてきたからか突然雑誌のスタイルを変えてサブカル寄りになった時期があったんです。「NEWパンチザウルス」っていう名前になって、すぐに休刊しちゃったんですけれど、そのあたりのパンチがめちゃくちゃよかったんです。ちょっと焼けクソ気味に作っていたという感じがした。そこで杉作J太郎さんがイラストと文章で面白いものをたくさん書いていましたね。どう考えてもおかしいだろうってことを、真面目に語っていて、ぷっと笑っちゃいながらも「でもそうだよな」って感心してしまうところもあって、あれは影響を受けました。あと、宮沢章夫さんの『彼岸からの言葉』『牛への道』とかも面白いエッセイ集でした。杉作さんと宮沢さんのエッセイみたいなものを自分も書こうと思って書いていた時期もありました。

——小説を書いたのは、編集者から「書きませんか」と言われたのがきっかけだったそうですね。

大槻 あれは若さゆえの無鉄砲というか、何も考えていなかったというか。90年代初頭かな、僕が23、4歳の頃にミュージシャンに文章を書かせるブームがありまして。「月刊カドカワ」という雑誌が中心になっていた。それで僕にも話がきたんです。編集さんが「オーケンちょっと小説書いてよ」って言って下さって、本当に何も考えていなかったから、気軽に「いいですよ」って言っちゃったんですよね。

編集さんが「前田日明がタイムスリップして力道山と闘うみたいな話はどう?」って提案してくれたんですけれど、「それもいいけど自分で思いついたものを書いてみます」と言って、原稿用紙24枚分くらいの「新興宗教オモイデ教」をスケッチブックにダーッと書いたらば、「好評だったから続きを書いてよ」ということになって。「えっ? あれは短篇のつもりだったんですけれど」と言ったら「いや、なんとかなるでしょ」と返され、「そうですか」と言ってまた書いちゃったんですよね。それが1冊の本になったら評判がよくて、「また書いてよ」となって、「はあ」と返して。『グミ・チョコレート・パイン』なんかも最初は短篇だったんです。そうしたら編集さんがまた「オーケンこれ最高だから続きを書いてよ」と言って下さって、結局そこからズルズルと書くようになりました。

ミュージシャンって本業の音楽があるから、みんな1度か2度は文章を書くんだけれど、だんだん書かなくなるんです。それが普通なんですよ。だって本業は音楽だもの。でも僕はたまたま周りが天才的に楽器のうまい人ばかりで、彼らとバンドをやっていてデビューしちゃっただけで、自分がミュージシャンになりきれていないっていう妙なコンプレックスがあったんです。それで、なんか他に自分に向いてることないかなと、いろんなことに挑戦してみようと思っていました。その中のひとつに、文章を書く、というものがあったんです。あと、やっぱ本屋小僧だったので、自分の本が書店の書棚に並ぶのがうれしかったんでしょうね。で、ズルズルというか、続けちゃったんですよ。続けたらだんだん書くのがきつくなってきたな。

――それで「くるぐる使い」や「のの子の復讐ジグジグ」で星雲賞を受賞されたり、両作を収録した『くるぐる使い』が吉川英治文学新人賞の候補になったり、『ステーシー』が日本ＳＦ大賞の候補になるなど、注目されて。

大槻　ありがたいことに『くるぐる使い』が吉川英治文学新人賞の候補になりましたが、その時の選評を読んだら、「明らかに全然その域に達していない作品もあった」みたいなことが書かれてあって、それは完全に僕のことなのよ。そんなの勝手にそっちが候補にしたんだろうがよと思ってちょっとイラっとしましたけどね。でも、変な言い方になるけれど、あれは落ちてよかったです。もしも何か間違って吉川英治文学新人賞を受賞していたら、僕、勘違いしていたと思うんです。そのまま泥沼を匍匐前進してジャングルを進むがごとき小説執筆沼に突っ込んで、自滅していたと思う。いろんな仕事をさせていただいたけれど、小説を書くのは本当に大変でしたから。
　だから、職業小説家の人たちのことは、心の底から尊敬しているんです。いや〜スゴい。本を書くというあの大変な作業をお仕事にされているというのは実にスゴい！　さらに面白い小説を読むと、素直によくこんなの書けるよなって思いますし。

『グミ・チョコレート・パイン グミ編』
大槻ケンヂ／角川文庫

『くるぐる使い』
大槻ケンヂ／角川文庫

ロック、テレビタレント、ラジオパーソナリティ、作詞家、俳優、もうなんでもやってみたけれど、小説仕事が一番きつかったよ。

【最近の読書、いま好きな書き手】

――同世代の作家の小説はあまり読まれないんですか。

大槻　たまに読みますよ。でも少ないかもしれない。なんて言ったらいいのかな、これは全然批判とかなんかじゃないんですけれど、国内小説を読んでいると、小説を読む人のために書かれている感があるなと思うことがあって。非常にちゃんとしていて、小説を読む人の常識内の世界観で書かれてらっしゃる気がするんですよね。
特に今時は、スマホをずっといじることをせず本を読む人って、それなりにきちっとした人だと思うんですよ。本を読むのはちゃんと勉強してきて、ちゃんと本を読んできた人だから、そういう人たちに読んでもらうためには、やっぱりちゃんとしていないと駄目だ、っていう感じなのかな。これはいい意味なんですけれど、書いている人も読んでいる人も、きちんとした道徳観を持ってらっしゃる。
それは音楽にも感じることで、きちんと音楽を聴いてきた人用の音楽ってあると思う。そこに何か今、入り込めない自分がいるのは感じますね。
もっと、本を読んでこなくて、本を読む態勢にも書く態勢にもなかった奴が書いちゃった、っていう小説が出てきたら「なんだこれ」と思って読んじゃう気はします。

——最近は、書店には足を運んでいますか。

大槻　しょっちゅう行ってます。行っているんだけれど、なかなかビームを感じないんですよね。今はちゃんと読んでいるというと、「本の雑誌」と「映画秘宝」と「秘伝」と「ムー」と、「昭和40年男」っていう雑誌くらいかなあ。

——「昭和40年男」という雑誌があるのですか。

大槻　そうですよ。たぶん、出版社が今後雑誌をどう売っていくかと考えた時に、世代に特化すべきじゃないかって思ったんでしょうね。「昭和50年男」とか「昭和45年女」とか、いろいろなバージョンが出ていて、その世代にドンピシャなことしか書いていないんですよ。「昭和40年男」には僕も連載しているんですけれど、あの雑誌はやっぱり読んじゃいますね。僕は「窓から昭和が見える」っていう、毎回お題にあわせた文章を書いています。映画特集だったら映画のことを書く、とか。

——映画館には行かれていますか。最近は配信されるものもたくさんありますが。

大槻　以前より数は減ったけれど、映画館に観に行っています。最近は「これが観たい」というより、「一応押さえとこうかな」みたいな感じですかね。一応ゴジラの新作は観ないとな、みたいな気持ちで行っています。

配信のドラマも最近観るようになりました。SFの「三体」が面白くて全部見ました。チェスの天才少女の話の「クイーンズ・ギャンビット」も全部見たかな。これも面白かったですね。ヒロインがステキで。あ、ステキな女性が出てる映画は出来に関係なく好きです。僕は映画って、ステキな女優さんが映ってればそれでもういいみたい。

——読んだもの、観たものは記録していますか。

大槻　昔は読書記録と映画記録はつけていたんですけれど、なくしちゃいました。でも、たいがい読んだってことは憶えています。今も一応読んだ本とかはメモしていますし、わりとXに「これ読んだよ」とか「観たよ」と書いているので、それを遡れば意外と記録になっているかもしれない。

——ご自身では、もう小説はお書きにならないんですか。

大槻　「ぴあ」のサイトで「今のことしか書かないで」というのを連載していて、これは最初エッセイのつもりだったんですけれど、今はエッセイなのか小説なのかわからないものになってます。エッセイで話を盛っているうちに、どうせ盛るなら妄想を書こうと思っていたら小説っぽくなっていって、今はほとんど小説になっています。限りなくエッセイに近い幻想私小説ですね。

あ、先ほど同世代の人の本はあまり読まないと話しましたが､燃え殻さんの小説は好きです。僕、しばらく小説とか書き物の仕事はあまりしない時期があったんですけれど、燃え殻さんの小説やエッセイを読んで「あ、この感じ」と思い、編集者に「燃え殻さんみたいな感じでもう一回書きたいです」と言ったこともあるんです。

燃え殻さんと対談した時に、実は僕の本に影響を受けているとお話しされていて。実際、燃え殻さんの作品に僕の名前が出てくるんです。燃え殻さんのエッセイ集の『すべて忘れてしまうから』は、対談の時に僕が「いやいろいろあるけれどどうせすべて忘れてしまうから」って言ったらしいんですね。そっからタイトルをつけてくれたらしいです。

燃え殻さんの書くものって、エッセイなんかでも話の広げ方とか持っていき方がすごくわかるんですよ。とっても共感するものがある。プロレス好きっていうところも一緒だし。

僕、エッセイで意外に大事なのは、忘れちゃえることだと思うんです。読者が読んだことを忘れて、また手にとってみて、「あれ、このエッセイ読んだことあるな」と思い出す。意図的にそれくらいの湯加減にするのがいいなと思っているんですけれど､燃え殻さんのエッセイがまさにそうで、非常に〝忘れ力〟がある。だから何度でも読めるんです。あと、くすっと笑えて涙もあるライトエッセイ的なものはやっぱり好きなので、自分もまたやりたいなと思いましたね。

それと、掟ポルシェさんというミュージシャンも面白いものを書きますよね。掟さんが書いたアルバイトの本があるんだけれど（『男の！ヤバすぎバイト列伝』）、これなんてとても面白くて。彼はすでにいっぱい書いているけれど、笑って泣ける小説やエッセイをもっと書いていってほしいなと僕は思っています。あとは、杉作J太郎さんの小説とかもまた読みたいな。

――燃え殻さんの小説を読んで「自分も書きたい」と思ったのは、どういう作品ですか。

大槻　やっぱり青春の回想っていう部分かな。青春の頃と現在を照らし合わせて、そこから何か新しいものを見出していくところ。自分の過去をどうやって現在の自分の中で物語として広げていくか、ということを僕もやってみたいなと思ったのは確かです。

だから、現在の書き手の方々の小説も、もっといろいろ読まないとなあ。ついついスマホをいじってしまうんですけれど（笑）、いやあ、ちゃんとまたたくさんのいろんな本を読もうと思います。

（2024年5月16日　聞き手　瀧井朝世）

『すべて忘れてしまうから』
燃え殻／新潮文庫

『今のことしか書かないで』
大槻ケンヂ／ぴあ

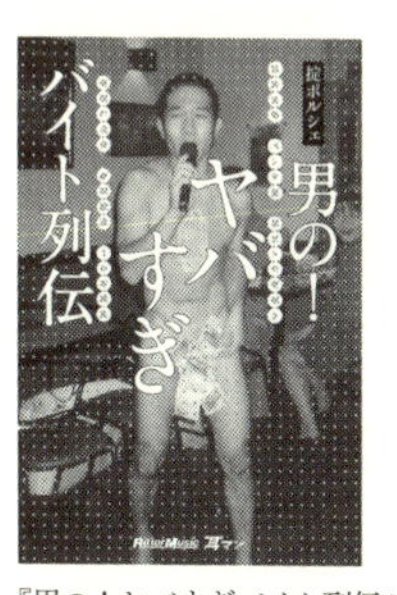

『男の！ヤバすぎバイト列伝』
掟ポルシェ
リットーミュージック

▼図書カード三万円使い放題！

混沌と錬修の箱入り本

3万円分の図書カードをありがたく頂戴して、ウキウキ気分で出掛けたのは東急百貨店渋谷本店7階のMARUZEN&ジュンク堂書店である。ここには渋谷でライブのある度によく行く。僕はロックバンドをやっているのだが、数バンドの出演するイベントなどは、リハから本番までの待ちが長い。中でもトリを務める時は、逆リハと言って、まず最後の出演者からリハを始めるものだから、短い時でも2時間、長ければ6時間は出番までに時間が空く。そういう時はジュンク堂へ行って本を探す。ライブ直前のロックミュージシャンは書店にいるのだ。

3万円分の図書カードをもらった時、すかさず「じゃ、アレ買おう」と浮かんだ本が2冊あった。『トリックといかさま図鑑　奇術・心霊・超能力・錯誤の歴史』マシュー・L・トンプキンス著と『オカルト番組はなぜ消えたのか　超能力からスピリチュアルまでのメディア分析』高橋直子著。前者は自称超能力者や物理的霊媒師のイカサマ、トリックのネタを貴重な写真の数々で紹介したオールカラーの豪華本。後者は50年代の心霊ラジオ番組から始まって、宜保愛子、江原啓之のブームなどを経てオカルト番組がいかにして衰退して行ったのかを膨大な資料を用いて分析した宗教学者の著す一冊。ちなみに「國學院大學課程博士論文出版助成金の交付を受けた出版物」であるとのこと。2冊ともオカルトの信疑を問うことよりオカルト的現象が時代ごとにどう民衆に扱われてきたのかを冷静に観察している。僕はオカルト本が大好きで、「ムー」は毎月蛍光ペンで傍線を引きながら読んでいる。未確認生物ウモッカや、〝UFOは有明で取れる海苔を狙っている〟などというパワーワードに線を引いているとたちまちムーが蛍光ペンでビッシリ埋まっていって、読了後にパラパラめくると全てのページがキラキラ光ってまばゆいほどだ。なんでもUFOの燃料には有明の海苔が必要であるそうだ。ハイオク的なやつなのか？

……で、なんだ、そうだ、オカルト好きな僕は大概のオカルト本は書店に並ぶとすぐに購入する。でも『トリックといかさま～』『オカルト番組は～』はなかなか購入には至らなかった。その理由はザックバランに言って高いからだ。前者3600円、後者2800円である。安かないっスよね？　オカルティックな本は昭和の昔なら国書刊行会あたりから箱に入って高値で売られていた。これは買う方には「買うぞ！」との意気込みがあったから文句は無かった。あるいはカッパ・ブックスとかで数百円で売られていてこちらはまぁなんとかなる値段であった。近年はオカルトの情報はもっぱらネットに流れ、また本としてはコンビニで安価で買えるようになった。オカルト本はなぜコンビニで売られるようになったのか？　その考察は長くなるのでまたにして、さてこのちょっとお高い2冊は蛍光ペンで傍線を引くべきか否か今悩んでいるところ。

オカルト本の次に音楽に関する本を買った。音楽本もまたニッチな層を狙って売られているためか安くはない。図書カードのある今が買い時なのである。まず『井上陽水　ギター弾き語り曲集』タブ譜（各自御検索下さい）付きの初心者用譜面集である。僕は40代半ばからギターを始めたのだ。「傘がない」「帰れない二人」といった初期曲収録がうれしい。井上陽水さんには一時期、飲みに連れて行ってもらったりよくしていただいた。ある夜、陽水さんに銀座だったかのお店でおごっていただいていたら、店の扉がバーン！と開いて、白いスーツの野坂昭如さんが手に花束を抱えて入っていらっしゃった。店中がシーンとした。ママに花束をプレゼントした野坂昭如が振り返るとそこには井上陽水がいた。「お、君が井上陽水か……」続けて何か言おうとした。井上陽水を初見しての野坂昭如の一言とは何だったか？　もはや高度に過ぎるそれは大喜利である。そして野坂昭如は言ったのだ。「君が井上陽水か……でっかいな～」確かに、陽水さんは背が高いのだけども、大作家が大音楽家を表して「でっかいな～」との感想には意表を突かれてずっこけたものである。

内田裕也著『内田裕也　反骨の精神』購入。内田裕也さんには大昔にお世話になった。裕也さんの主催するニューイヤーロックフェスティバルに呼んでいただいたのだ。僕は20歳くらいだった。ド緊張しながら楽屋へ挨拶にうかがうと、相当お酒を召されているらしい裕也さんが、やはり相当お酒を召されているらしい元フェイセズの山内テツさんとお話をされていた。「あ、

●図書カード３万円で購入した本（価格は税込）

『トリックといかさま図鑑　奇術・心霊・超能力・錯誤の歴史』 マシュー・L・トンプキンス、定木大介訳 日経ナショナルジオグラフィック社	¥3960
『オカルト番組はなぜ消えたのか　超能力からスピリチュアルまでのメディア分析』 高橋直子 青弓社	¥3080
『井上陽水　ギター弾き語り曲集　永久保存ワイド版』 ドレミ楽譜出版社	¥2200
『内田裕也　反骨の精神』 内田裕也 青志社	¥1540
『キング・クリムゾン全史　混沌と錬修の五十年』 シド・スミス、島田陽子訳 Pヴァイン	¥7590
『中央線は今日もまっすぐか?　オレと遠藤ミチロウのザ・スターリン生活40年』 イヌイジュン シンコーミュージック・エンタテイメント	¥2200
『JAF情報版　最新国産&輸入車全モデル購入ガイド』 JAFメディアワークス	¥1680
『地球の歩き方　東京』 「地球の歩き方」編集室編著 ダイヤモンド・ビッグ社	¥2019
『学研まんがNEW日本の伝記　織田信長　天下統一をめざした武将』 田代脩監修、山田圭子漫画 学研プラス	¥1100
『幕末・維新人物伝　坂本龍馬』 加来耕三企画・構成・監修、すぎたとおる原作、早川大介作画 ポプラ社	¥1100
『Lシフト　スペース・ピープルの全真相』 秋山眞人、布施泰和 ナチュラルスピリット	¥1980
『タイタンの妖女』 カート・ヴォネガット・ジュニア、浅倉久志訳 ハヤカワ文庫SF	¥836
合計	**¥29, 285**

僕ら筋肉少女帯と申します」メンバー全員で頭を下げた。裕也さんは「おっ」と言って僕たちにテツさんを紹介してくださった。「おっ、テツっていうんだ、テツ、俺がお前と初めて会ったのは、お前がロッド・スチュワートとケンカしてるのを、俺が止めたんだよな」そこで「んっ?」という表情になって「んっ?ありゃぁ、ロッドじゃなくてミック・ジャガーだったっけか?」ロッドでもミックでも僕らにしてみれば世界史のようなお話である。スケールが、レベルが違うと驚いた。『反骨の精神』の中でも「誰も闘わなくても俺は闘うんだよ!」などと、レベルの違う名言製造器ぶりでリスペクトである。巻末には中上健次、岡本太郎との対談も収録。「人間、目と目が合うだけで芸術だ」と、岡本太郎先生もまたレベルの違う名言連発なのだが、裕也さんと昔会っていることを全く岡本太郎が思い出せぬまま対談が進むのがおかしい。芸術だもの仕方が無い。この対談は80年代に「平凡パンチ」で連載されていたものからの抜粋だ。当時僕は連載を楽しみに読んでいた。連載担当編集のこぼれ話で、裕也さんが「おっ、次の対談相手、天皇どうかな?天皇」と軽い調子でリクエストした話が大好きであった。

『キング・クリムゾン全史　混沌と錬修の五十年』シド・スミス著購入。10代の頃、同級生の高橋君の家の前でウォークマンで「21世紀のスキッツォイド・マン」(当時は「21世紀の精神異常者」というタイトルだった)を聴いてガーン!と来て以来、キング・クリムゾンは一番好きなロックバンドだ。ジャンルで言うとプログレッシブ・ロック、いわゆるプログレにカテゴライズされている。が、ロック、ジャズ、あらゆる音楽を取り入れた唯一無二の音楽で、一筋縄ではくくれない。だからであろうか、彼らの活動をまとめた本書は、2段組864ページ、箱入りでバカみたいに重い。石碑のようである。一体そんなに書くことあるのか、とファンでさへ困惑させるブ厚さにたじろぐ。なかなか読み出すに至らない。そしてさらに混沌とさせられるのは、「全史」とあるが、キング・クリムゾンは今も存在しているのである。解散したわけでは無いので、この後さらに「完全史」「現在進行史」「まだまだやってる史」みたいなこれまたズッシリ重い本が出る可能性もいなめない。まさに「錬修の」必要なバンドなのである。問題はそれだけではない。そのストイックで完全主義の性格から、ロック界の哲学者、カタブツ、と知られていたクリムゾンの中心人物、ギタリストのロバート・フリップが、近年、何を思ったか何があったかわからないが、奥さんのトーヤさんとYouTubeで、夫婦漫才としか言いようの無い面白（さして面白くは無いが）映像を続々とアップし始めたのだ。奥さんが珍妙なかっこう〜ムチを持ってみたりヘンなコスプレしたり〜をして歌い踊り、その横でダンナのロバート・フリップが往年のロックの名曲をギターで弾くという。1本2本なら「フフ、師匠、お戯れを」と笑って観ることもできたが、ハイペ

ースでガンガン上げてきて「し、師匠、これ、もしかして本気？　何？何なの⁉」意味がわからない。夫婦漫才も含めてがクリムゾンなのか。とにかく動画が上がる度に僕はこの先のシド・スミスさんの混沌と錬修を想ってなんだかやるせない気分になるのであった。

他にイヌイジュン著『中央線は今日もまっすぐか？　オレと遠藤ミチロウのザ・スターリン生活40年』購入。お風呂でボンヤリめくるのは車の本が最高なので『最新国産&輸入車全モデル購入ガイド2021』購入。〝かつて東京五輪開催の予定があった〟と数年後に記念となるように『地球の歩き方　東京』購入。子供の頃読んでた学習漫画ってアレ何が描いてあったのだろ？との疑問から『学研まんが　織田信長』『コミック版日本の歴史11　坂本龍馬』購入。スピリチュアル本とオカルト本の差って何だろう？　『Lシフト　スペース・ピープルの全真相』布施泰和、秋山眞人著購入。あ、図書カードまだ使える。小説が一冊も無いな。カート・ヴォネガット・ジュニア著『タイタンの妖女』購入。高校の頃、授業中に読んでいたら先生に見つかって取り上げられて序盤までしか読んでいなかった。以来数十年ぶりに読み切った。壮大でアイロニカルで感傷的な小説であった。これ高校の頃に読了していたらどう思ったろう？きっと他はよくまだ理解できなかったとしても、センチメンタルの側面だけはヒシヒシと読書少年の心を打ったのではないのかなと思った。

（2021年1月12日　於MARUZEN&ジュンク堂書店渋谷店）

おまけ〜そして未単行本化の雑文が残っていた　2014年

「なんでオレあん時あんなこと言っちまったんだ言葉」

一体、ライブを翌日にひかえたバンドマンの心境というのはどんなものであろうか？

これはライブによって全然異なる。

長いことやっていると、正直「ん？あ、明日ライブじゃん、忘れてた」なんてことも無いことは無い。長いツアーでは特に。仕事だもの、そういうものである。

朝起きて「んぁ〜、今日は暇だから動物園にカバでも見に行くかぁ」と思ってカバ写生用の画板と色鉛筆まで用意してふっと「……ん？あ、今日ライブじゃん」なんて動物園日和の日もあった。

とは言えやはり、前日から緊張してしょうがない日もある。

思い出すのは最初の日本武道館公演の前日だ。

さすがに緊張してしまった。気を紛らせつつ明日への志気を高めようと、ロックの映画を観に行った。ジャニス・ジョプリンのドキュメントであった。場所は高田馬場にあったＡＣＴミニシアターというところで、ここは当時でも珍しい座敷席の映画館（というより天井桟敷みたいなとこ）で、クツを脱いでビニール袋に入れて、ヒザを抱えて映画を観るのだ。その日、客は僕一人であった。明日は大観衆の前で歌う身が、ぽつねんとヒザ山座りで、天折したシンガーの映画を観て、志気が高まるどころかとってもさみしかったのをきのうのことのように思い出す。

ライブ前夜も寝付けない緊張はたまにある。

筋少で09年のフジロックに出た前夜、アウェイ感でなかなか寝付けなかった。

もう夜中、会場近くのホテルの窓から外を見ると、そぼ降る雨の中、遠くに、色とりどりのクレパスみたいなものがズラリと並んでいる不思議な光景があった。

目をこらすとそれは、その夜のヘッドライナーであるオアシスを観た人々の、いつまでも続く雨ガッパを着た帰りの行列なのであった。

緊張の雨の夜の中での色彩を、ライブ自体と同じくらいにフジロックの思い出として覚えている。

ライブ当日も、カバを見に行こうと思うような日もあれば、「いざ決戦」と意気込む日もある。

どちらにしても荷物をまとめて家から出ようとする時はバタバタするものだ。

バタバタしている時に人が急に訪ねてきたりすると本当に困る。クロネコヤマトさんとかサガワさんならまだしも、それがストーカーだった時はたとえようもないほどに迷惑だ。

一時期、ストーカー化してしまったファンの方（会話すらしたことのない人なのだ）が頻繁に家に来てピンポンするのでまいっていたことがある。

モニターが付いているのでその女性だとバッチリわかるのだ。無表情でいつもうつむいている。あるいは、うすら笑いを浮かべていた。

ストーカーというのは付きまとわれたことのある人しかあの不気味さおっかなさは絶対わからないと思う。僕もこわくって、スタッフから「家に来るな」「ピンポンするな」と忠告してもらった。しかしその次の日もピンポ〜ン！とインターフォンのチャイムが鳴った。

ビクッとしてモニターを観ると、そこには誰も映っていなかった。

どうやら自分の顔が映らぬよう、しゃがんで腕だけのばしてチャイムを押しているようなのだなるほど考えたものだ……ってオイオイ。「映ってないってことで誰がピンポンしてるかお見通しだよっ」と思ったものだ。ストーカー、手口がうかつに過ぎる。

そしてあるライブの当日、まさにこれから家出て会場にむかおうというその時に、ピンポ〜ン！ピンポ〜ン！

モニターには誰も映ってはいなかった。チャイムだけが連打され、その回数がどんどん速くなっていった。

ピンポンピンポンピンポンピンポ～ン!!

もう、震え上がるほどこわくなって僕は部屋を飛び出した。

マンションの裏口から出て彼女をまこうとしたが、なんと彼女は行動を読んでタクシー乗り場に先まわりしていた。

タクシーに乗りこもうとすると、ニヤニヤとうすら笑いを浮かべながら一緒に乗りこんでくるではないか。僕は彼女を車外へ押し出した。しかし彼女は想定外の力でまた車内に入ってくる。

それを思いっ切り突き返し、僕は恐怖のあまりあらぬ言葉を口に出して叫んだものだ。

「も、もう……もう君とは終わったんだ」

……もう君とは終わったんだ、って……あの……人間には必ず、シャワーの最中や寝ている時にふと思い出し「うぐわ～っ」とか「ちがああうっ」とか叫んでしまう、「なんでオレあん時あんなこと言っちまったんだ言葉」というのが誰にもあるはずだ。

「もう君とは終わったんだ」が、僕にとってはまったくもってそれである。

シャワー中のおたけびである。「なんでオレあん時あんなこと言っちまったんだ言葉」の語録入り決定である。

まったく、なんで、どうして、ストーカーに対して、そんな長年の恋仲の女性との哀しい別れの時に言うような台詞を叫んでしまったのか。自分でまるで意味がわからない。

いくらパニくっていたとは言え、もう絶対に御近所のタクシー乗り場周辺の人々（けっこういた）は「あ、大槻ケンヂ、痴話ゲンカしてるよ〜」と思ったに違いないし、その頃にSNSがあったなら即「オーケン『君とは終わったんだなう』」とかつぶやかれ世界に拡散されたに決まっている。

大失言だ。

さらにもし「もう君とは終わったんだ」に対してストーカーから「まだ始まってもいねぇよ」と返って来た日には北野武監督ばりのこれはキッズ・リターンである。

そんなバタバタさえ起こりうるライブ当日。さらにさしせまってライブ直前となればどうであろうか？　これもバタバタは数限りなくあるものだ。

その昔、野外ライブの開始直前に、秋のころであったので、ステージからどんぐりをバラまこうという話になった。ちょっとしたおふざけだ。

本番20分くらい前に、当時のマネージャーに「そこらへんでどんぐり集めてきて」と僕はたのんだ。「はいっ」と言ってマネージャーは楽屋裏の林の中に入っていった。

ゆうづうが利かないところはあるが素直な青年であった。

ところがそれから15分経っても彼は帰ってこなかった。

彼にはステージにかかわるこまごまとした仕事があるので、帰って来ないことにはライブを始めるわけにはいかない。

林の中で何かあったのか？とみんな心配を始めた。

なんかイノシシ用の落とし穴にでも落ちたってのか？　いや、失踪か？

みんなであわてていると、後一分で開演、くらいの時間になってようやく彼が現れた。手にビニール袋が握られていた。中にはどんぐりが沢山入っていた。

「どんぐりを探していて遅れました」と真顔で彼は言った。

「何でどんぐり拾うのにこんな時間がかかるんだよ」

「……形のいいどんぐりを選んでいたんです」

なぜ、いい形のどんぐりを厳選する必要があるというのか？

この話はもう鉄板で、エッセイにも何度か書いたことがあるのだけれど、もしかしたらあの時の彼はパニくったあまり、オーケンで言うなら「もう、君とは終わったんだ」級の、自分ながらに思わぬことを口走ってしまったのかもしれないな〜と、今初めて僕は思いました。本当はただ、ちょっと迷子になっただけだったのかもしれない。ムトー君と言ったかなぁ彼氏、きっと今でもシャワー浴びてる時にどんぐりの話思い出して言っているのだろう。「なんでオレあんなこと言っちまったんだ！うぐわ〜っ」語録入りであろう。

世界に二人だけの中卒〜ワイルドサイドを歩け

夜、仕事帰りのタクシーの車窓からラーメン店の看板が見えた。

「中卒」と達筆で書かれていた。

「『ラーメン中卒』……か」

きっと店長は中卒から腕一つで叩き上げてきた職人なのであろう。むしろ低学歴であることは彼のプライドなのかもしれない。だとしても店名にするには独特な自分史のチョイスである。もしかしたら店長の昔からのアダ名なのかもしれない。まったく「中卒」などと自らを名乗る者を私は他にロックバンド・死ね死ね団の中卒くんしか世界に知らない。いやいや世界に二人マイネーム・イズ中卒を知ってるだけでも大したもんだよと思ってタクシーの運転手さんに「『中卒』ってすごいネーミングですねぇ」と話しかけたら「ん？」と一呼吸置いてから「いやあれ、中本、ラーメン中本だから、お客さん」と言われた。

白状すれば3年くらい前から読みまちがえていた。

……僕は大学中退の高卒である。中学は中野の第四中学校というところだ。同級生に筋肉少女帯の内田雄一郎氏がいる。10年先輩にはバブルガムブラザーズのブラザー・コーンさんがいる。

先日、僕と内田氏のバースデイイベントがあり、コーン先輩が駆けつけて下さった。3人で四中校歌を斉唱して楽しかった上に正直ちょっとジンときた。

トークは自然と中学時代の話となった。誰かが聞いた。

「アダ名とかあった?」

僕のアダ名は中学の頃ドテチンであった。

今でも地元を歩いていると当時の女子同級生の今井さんなんかにバッタリ会っていきなり「あ~ドテチ~ン元気ィ」などと呼びかけられ、ハードロッカーとしてデビューして25年積み上げて来たキャリアが一気にガラガラ崩壊していく感覚を覚える。

「ドテチン」の由来は、中1の時に同級生のアリヤンこと蟻波くんが突発的に言いだしたもの、と思い込んでいたら約35年後のバースデイイベントの夜、内田氏が「それは違うよ」と訴えたのであった。

「それは違うよ。君が女子の一人を『メトロン星人』とネーミングしたことで、彼女が怒り、君をアニメのゴリラにたとえて仕返しされたんだよ」

脳のシナプスがプチプチと35年ぶりにつながるかの衝撃であった。

あ……そうだそうだそうだった。いたいたメトロン星人とオレが名付けた女子。

思い出した彼女とちゃぶ台を挟んで対峙した夕暮れの教室を……いや、ちゃぶ台は無かったけれど、確かに同級生に顔が面長でほほのやたら赤い女子がいた。僕は彼女を、往年の特撮ドラマでウルトラセブンとちゃぶ台挟んで議論をしたことでマニアには有名なメトロン星人との容姿の類似（なんて失礼な）に着目し「メトロン」とネーミングしたのだ。ルッキズムなどという言葉はこの頃誰も知らなかった。

するとすかさずメトロンは僕を「うるさいなこのドテチン」とディスり返した。

結局、メトロンは定着せずドテチンは他の組にまで浸透し、僕は中学の一時期はじめ人間ギャートルズ登場のキャラとして暮らさざるを得なかったのだ。円谷プロ敗れたりっ。

……そういえば、アダ名で言えば「トワイ」と呼ばれていた同級生がいた。

トワイ、である。なんとも奇妙なニックネームだ。

彼は学年ただ一人のツッパリであった。

当時、世間では校内暴力の嵐が吹き荒れ、ツッパリも全盛の頃であったが、なぜか我が四中はやたらとノドカで、むしろ「ツッパリってダサい」という風潮があった。

他校にはツッパリは存在していて、四中の同級生のせーちゃんこと斉藤君などは、中央線の高架の下で他校のツッパリにカンパをせまられ「え？か？か、乾パンですか？」とマジボケで返したところ「なんで乾パン欲しい中学生がいるか！」とツッパリに正論で怒られたりもしたそうだが、四中内でそういうカツアゲなんてことも一切無かった。

平穏な四中の日々の中でただ一人のツッパリ風であったトワイはさぞ居心地が悪かったと思う。なにせ本名を○○君という彼氏、トワイの前はホイクというアダ名をつけられていたのだ。

「○○のやつ、ダサイよな。ツッパリ気取るなんて幼稚だよ。中学生のやることじゃない。小学生以下だよ。いや、もう幼稚園児なみだな」

いやいや、もっと幼稚だということになった。

「いやいや、幼稚園どころじゃない……保育だよ。あいつは保育園児だよ」

ホイクとは保育園のホイクの意なのである。

しかし、ホイクと呼ばれても彼は四中のワイルドサイドを歩み続けた。我々はさらに見限った。

「あいつもう保育より幼稚だよ。赤ん坊だよ。いや、まだ手ぬるいな、あいつ赤ん坊にも達してないよ……胎児だな」

こうしていきなりアダ名は夢野久作のドグラ・マグラ巻頭歌のようなことになっていった。

「胎児」

である。タイジ、タイジと皆はしばらく同級生を母の腹の中のベイビーの名で呼び始めた。ヒドい話だ。でも当の○○君もこのアダ名を特に拒否することもなかった。みんな昭和のノンキな子供たちだったのだ。

これだけでも相当シュールなわけだが、そこは吸血の群れより恐ろしい中二病の群れがあふれる中学校である。胎児……タイジはその後、日野日出志の恐怖マンガ『わたしの赤ちゃん』をもしのぐ進化（?）をとげていく。

「タイジ！タイジ！タァーイジ!!」

胎児胎児胎児!!と呼び続ける内に、そこに発音のイントネーションが発生したのだ。

「タイジ！タァーイジ！トゥタァーイジ！」

それは吉川晃司さん的発音と言って過言ではないかと思う。「サンクスサンクスモニカ」を「スゥエーンクススゥエーンクスンムォウニカーウワ〜」と歌い、多くの英語圏在日外国人の方々に「ナゼ、コージ・キッカワサンハ、ＳＥＸＳＥＸト連呼シテイルノデ〜スカ?」とＷＨＹ何故に質問をさせた吉川さんのあのイントネーションを、四中生徒たちは○○君のアダ名の〝崩し〟に使用し始めたのである。そういえば吉川晃司さんも僕らと同い歳である。

「トゥタァーイジ！トゥトァーイッ！トトゥアーイッ！」

止まらない胎児の進化（?）そして最終地点に胎児は舞い降りた。

「トゥターイッ！トゥアーイッ！ト…ト…トワーイ！トワ～イ!!トワ～～イ!!」

トワイ、奇妙なアダ名の、その誕生のその瞬間である。まったく中坊ってな、バカだよなぁ～。僕らは○○君をトワイ、トワイ、と普通に呼び、○○君もトワイと呼ばれたら「お?何だ?」と普通に答えたりしていた。

ホイクからタイジを経てついにトワイと化した○○君。30年以上の時を経た今、一体彼はどんな呼ばれ方をされているのであろうなと思っていたら、驚くべきその後の「トワイ情報」を得ることができた。

数年前、映像関係の現場へ仕事に行った知人が「中学時代、大槻ケンヂと同級生で、一緒にライブをやったことがある」人物にそこで会ったというのだ。

「え?誰?それ?」

その人物についてくわしく聞いている内に、どうやらトワイその人であることが判明した。

「トワイだ。それトワイだよ。○○君だ。なつかしい。へ～それで今、彼は何をしているの?」

「アナルもののAVの監督さんです」

トワイはワイルドサイドを歩き続けていた。ちょっと僕は、ブレのない彼の生き方に感動してしまった。ホイク↓タイジ↓トワイ↓監督。いろいろあるけど、呼ばれ方も変わるけれど、俺らあれから30年以上がんばって生きてきたんだなぁ。なぁ同級生諸君！　みんな、元気にしてる？　それぞれのいる場所でこれからもワイルドサイドを歩いていこうぜ。

追記

「せーちゃんの乾パン事件」を僕は、雑誌「ビックリハウス」に投稿。「ビックラゲーション」コーナーで採用された。また、骨折をよくする野口君という同級生に四中では、「ポッキー」というアダ名が付けられていた。秀逸な、見事な中坊センスであると思う。コンプラ無き昭和の中学生の話だ。

第2のステージの花束を

ライブ直前のロッカーたちの様子というものを以前書いたかと思う。では逆に、ライブ直後のロッカー、バンドマンたちとはどんな様子なのであろうか？

「やってやったぜぇっ。客のやつら全員ぶちのめしてやったぜヒュ〜、ロケンロ〜」

などと楽屋で叫んでいるロッケンローラーという者を僕は30年以上のライブ歴の中で一人も見たことがない。

ステージを降りたその一歩から、ロッカーたちは数秒前までの自分のハイテンションがウソであったかのように、物静かになって楽屋へと向かうものだ。

それはケの時にまでハレの時を持ちこまないようにするための、人間の感情抑制本能によるものなのかもしれないし、単に疲れ切って口もきけないヘロヘロ状態であるからかもしれない。最近の筋肉少女帯ライブ直後の僕の寡黙は明らかに後者の理由からだ。だって、本当にバテてるんだもの。

メンバー同士でライブの感想を語り合うということもあまりしない。

ただ面白いもので「今日はちょっと……やっちまったな」すべっちゃったかなあ、というようなライブ直後には、不思議とステージについての会話が交されることが多いものだ。「あそこ、ゴメンね」「あ〜い〜よ全然、大丈夫」と、大体はお互いのフォローである。ロッカーは寛容な性格の者が多いのである。

だから楽屋でケンカが起こったりなんてことも滅多にあるものではない。

とは言え、30年以上のライブ歴で三度ほど目撃したことがある。

一度目は筋少やXやZIGGYなども出た25年くらい前のイベントにおいてであった。ライブを終えたばかりの某バンドのメンバー同士がお互いのプレイについて大楽屋で怒鳴り合いを始めた。

僕も含め、他のバンド連中が遠巻きに見ていると、その後に自社ビルを建てるほどに成功（その後に倒産）した某事務所の社長が僕の横で「あいつらのケンカ、パフォーマンスさ。ああやって他のバンドを威圧しようとがんばってるんだよ。ライブでそれが出来なかったからな。彼らにとって、これが今夜の第2のステージなんだ」とボソッと言ったものだ。

「ステージは2度あるものなのか……」と若き日の僕は妙に感心した。

二度目の目撃は某パンクバンドのライブにゲスト出演した時だった。ラストセッションで、沢山いたゲストの一人をメインバンドのメンバーがうっかり紹介し忘れてしまった。

なんてことは無いミスなのに、ライブ直後そのゲストがつかみかかっての大騒動になった。

紹介し忘れた方は、パンクスとは言え大人の対応でしきりに謝るのだけど、ゲストが興奮してしまって怒りが収まらない。

お二人ともその筋では知らぬ者のいない重鎮である。

容易に仲裁などできるわけがない。

「ど、どうしよう」

何より困ったのはその時に僕の荷物がもみ合っているお二方の後ろに置いてあったことだ。

すぐにもその場からトンズラしたかった（そりゃそうですよ）が、お二方を越えて取りに行けるわけがない。

「やばいよやばいよどうしようこれ」

と、そこへ、これまたパンク界の重鎮である某さんが、もみ合っているお二方の間にパッと歩み出て両腕を広げ「よそうぜっ」と制したのであった。

それはもうサンダ対ガイラを割って入ったゴジラが止める、みたいなものすごい光景であった。

「おいミケランジェロとかダヴィンチとか今すぐこの場面を絵に描いとけ」

この際もう画家は片岡鶴太郎さんとかキンコン西野さんでもいいよ、と思わず声をかけたくなる程の日本ロック史に残したい強烈なライブ直後風景なのであった。

で、オーケンは、ゴジラが割って入った時すかさず「逃げるなら今だ」と思い、ツツツツと楽屋の壁づたいに忍者の要領で入りこみ、荷物を持つと、またツツツツとカニ歩きでもってサンダVSガイラVSゴジラ部屋から大脱走したものだ。ミケランジェロには絵に残してもらいたくない見切れ野郎の逃走図であった。

三度目の目撃は吉祥寺のマンダラ2というハコで小さなライブをやった直後だ。

マンダラ2の楽屋は当時、隣のビルの壁とのすき間をかろうじて楽屋と呼んでいるような狭い（と言うか細い）ところで、メンバー一同立ったまま横一列で一息ついていると、某メンバーの奥さんがダーッと入ってきてダンナをものすごい目でにらみつけ、怒鳴り出したのだ。

「さっきの大槻さんのMCでアンタの車がリハの時にレッカー2回されたって言ってたけどそれ本当なの？　いくらかかると思ってんの」

サンダガイラゴジラ揃いぶみしてさえまったくかなわないであろう嫁の迫力でもって怒り出した。

かわいそうにダンナは細い楽屋で直立したままライブ直後にワナワナ震え出してしまった。

アレは本当に申し訳無いことをしたと今でも僕は反省しています。あと、あの光景もミケランジェロは絵画にしなくていいです。

ま、時にそんなこともあるものの、大体はライブ直後のロッカーたちの楽屋は静かなものだ。

そしてクールダウンしかけたころに、友人や知人や、ライブを観に来てくれた、いわゆる関係者がドヤドヤと訪ねてきて、しばし歓談、ということになる。

正直、精も根も尽き果てたライブの後に沢山の方々と話したり挨拶を交したりというのは、骨の折れる時も無くも無い。でも、せっかく観に来て下さったのだし、自分も訪問する時もあるし、次のお仕事につながるかもしれないし、バンドマンたちが「第2のステージ」と呼ぶこのライブ直後の楽屋風景、この場合、歓談の時間、は、どんなに疲れていても、なるだけ笑顔で歓迎するよう心がけるべきなのだとロッカーたちは考えている……ロッカーって、意外に一般の方々のお仕事にリンクする部分が多い職種なのだ。

ライブによっては楽屋を訪ねて下さる方の数が数十人にもおよぶことがある。

しかも自分の招いたお客さんは数人に過ぎず、大半の方々が顔も名前も存じ上げない誰じゃらホイ?などという状況もけっこうある。

さらに困ったことに、その場の誰もが知らない人、というのが「第2のステージ」の中にいることすらある。

もう20年くらい前のことである。ライブ直後の楽屋そでに、大きな花を抱いた若い女性が立っていた。

花を届けに来た生花店の配達の者ですと彼女はスタッフに告げた。

あ〜それならそこに花置いといて下さい、みたいな話になったわけだ。しかし、花を置いた後も楽屋そでにいる彼女の様子がどうもおかしい。

「本当に花屋さん？　どこの？」

スタッフが問いただすと驚くべきことに、花屋などというのは真っ赤なウソで、実は、楽屋に忍びこもうと生花店配達人を装ったニセ花屋、つまり、もぐり、であることがわかったのだ。

もちろん、彼女はすぐに楽屋から追い出されていった。

「男バンドだからまだいいけどこれが女子アイドルや政治絡みのイベントとかだったら大変なことだよなぁ。にしても花屋さんのふりってねぇ」

などと皆で呆れたものだ。

シンプルで意表を突くウソほど人は信じてしまうものなのかもな、とも思った。

さて、それから20年以上たった最近のことである。

なんと僕のライブ会場に「花屋です。お花を届けに来ました」と言って楽屋口に現れた女性があったのだそうだ。

そしてまた、彼女は花屋ではなかったのだ。

その時に僕は会場にいなかったので人伝なのではあるが、どうも話を聞くと、生花店の配達人を装ったニセ花屋であったらしい。え、それって……

気になるのは彼女の正体である。

たまたま同類の偽装アイデアを思いついた、20数年前とは別のもぐりの人なのか、はたまた、20数年前の失敗にもこりずに、時を越えて再びやって来た同一人物であったのか？

わからないのだが、一つ彼女に言いたいことがあるのだ……あのね、40も過ぎたライブ直後のバンドマンなんてなヘロヘロだしサロンパスとか貼ってるしでろくな姿じゃないので花なんか似合いやしませんですから。さっぱり絵にならない。ミケランジェロでもダヴィンチでも。

「空から歌が降ってこない日は」

これを書き上げたら2秒後にスタジオへ出かける。

筋肉少女帯のニューアルバムレコーディングが佳境なのだ。

もう歌入れは始まっている。だがあと数曲の歌詞がまだ出来ていない。だから連日、僕は〝作詞用装備〟をバッチリ決めて街へ出て行く。

作詞用装備は、頭にヘッドホン、右手にiPod、左手に携帯電話、背中にリュックが基本だ。ヘッドホンでiPodからの楽曲を聴きながら作詞してそれを携帯メールに打ち込み、完成したらメンバー、スタッフに一斉送信で送るのだ。

インスピレーションを得たり使用する単語の意味を調べるために、リュックにはたくさんの資料や辞書などが入っている。

どこでも作詞をするため、他人に迷惑のかからぬようヘッドホンはでかい密閉型だ。がっつりかぶって両手にiPodと携帯持って住宅街など歩いていると我ながら盗聴マニアにしか見えないところがいかんともしがたい。

しかも携帯はガラケーだ。「……俺の中に鬼がいる……その名はムツオさんだ……ゾロ目ゾロ目……」などと、作りながら詞の断片をつぶやいたならガラケーが凶器じみて無差別殺人計画者町を行く、みたいな図になってておのれの姿ながらチトこわい。

出来た曲をiPodに入れる間の無い時はCD－Rを入れた円盤型プレーヤーを右手に持つことになる。右手に円盤型プレーヤー、左手にガラケー、遠目に見たなら怪獣ギャンゴかゲッターロボのゲッター2のような人じゃないのか。

α波か何かが関係しているのだろうか、アイデアが浮かぶので、僕は歩きながら作詞することが多い。

だから自作詞曲を聴くと詞を書きながら歩いた町の様子を思い出すことがある。たとえば上坂すみれさんの「パララックス・ビュー」は渋谷の桜ヶ丘周辺だし、ももいろクローバーZの「労働讃歌」の大部分は台風を逃れて入った中野ブロードウェイであった。

僕のソロ「あのさぁ」の詞は、美輪明宏さんのコンサートを観に行った渋谷公会堂の入り口あたりで、ふいにメロディーと一緒に浮かんだ。それはミュージシャンがたまに言う〝曲が空から降ってきた〟という現象まさにそのものであり、神秘的であった。やっぱアリャ美輪様のオーラの恩恵であったのだろうなと今でも思っている。

さまざまな場所で書くとは言え、詞に町の名が出てきても、必ずしもその地で書いたということは意外にあまりない。

たとえば筋少の「高円寺心中」という曲は高円寺ではなく武蔵小杉で作詞したし、特撮の「江ノ島オーケン物語」という曲は湘南ではなく下井草という西武新宿線の町で書いている。

まぁそれでも国内での町の違いならまだいい方であろうと思う。アメリカの土地名がでてくるのに書いたのは市ヶ谷という曲もあった。

筋肉少女帯のライブ定番曲「サンフランシスコ」がそれである。西海岸の風景がやおら市ヶ谷駅横のつり堀に変化するがごとき話でリスナーになんだか申し訳ないがイヤイヤ市ヶ谷だって素敵な町である。ってそういう話じゃないか。ちなみに「サンフランシスコ」は作詞する時間がなくなってしまって、市ヶ谷のスタジオで歌入れしながら一行ずつ作詞したのであった。

さらにちなみにスタジオの一階には市ヶ谷のくせに「トレビの泉」というイタリアの名所をドードーと名乗るレストランがあった。どいつもこいつも市ヶ谷をないがしろにしている。

筋少の「パリ・恋の都」という曲の詞もパリでは書いていない。パリなんて行ったことがない。千駄ヶ谷で書いたのだ。

最初はパリなど出て来ない（千駄ヶ谷も出て来ないが）まったく違う内容の詞であった。ところが、その詞の内容をメンバーに伝えたところ「いくらなんでもこれはシュール過ぎる」と言って没を喰らった。

それで書き直して完成したのが現在の「パリ・恋の都」という曲なのである。こちらも相当ぶっ飛んだ内容の詞なのだけれど、没になった詞は確かにさらに異常な詞ではあった。……雪の日に貧しい農民からカサをさしてもらったお地蔵さんたちが、米俵をかついでお礼に来るという……そう、日本昔話でおなじみの「笠地蔵」を歌詞にして、ハードなブラスロックに乗せて朗々と歌い上げてみせようという斬新な試みであったのだが、斬新過ぎた。

「オーケンのたいがいの奇想は受け入れるがこれはもうわからない。変えてくれ」歌詞内容を、とメンバーに真顔で訴えられてこの仮題「ロックン・笠地蔵」は却下となった。当時は「なんで俺のロック史を覆す発想をわかってくれないんだよう」などと憤ったものだ。でも今となると、まったくメンバーの言う通りだよな〜と冷静に思う。

「ロックン笠地蔵」
来たぜお地蔵さんイエ〜ッ
雪の日のお礼を持ってきた
笠をサンキュー
お米の俵がたんと来た

んだそりゃ驚いた
歳を越せるだべ
ロックンロックン笠地蔵
ロックンロックン笠地蔵
おじーぞーおーさーん!!

没になった詞はもうなくしてしまったが、そのまま完成していたら多分こんな詞になっていたのではないのかと思う。なんだそりゃ「みんなのうた」か?

歌詞は、それがたとえ人のために書いた発注ありきのものであってさえ、作詞者の心理が詞の上にくっきりと浮き上がって出るものだ。間違いなく出る。

だからきっと「ロックン笠地蔵」にも出てはいるのだろうけれど……わからない。一体どんな深層心理だったのだ? ユングやフロイトでも分析できぬであろう。

ぜひみんな「パリ・恋の都」を検索してそのメロディーにのせて「ロックン笠地蔵」を当てて歌ってもらいたいもんである。できる方は心理分析してみて下さい。これもちなみに今度の筋少の新譜には「みんなの歌」という曲が入る予定だ。もちろん歌詞内容は笠地蔵についてではない。

……ズバリ言って他人様の発想を拝借して歌詞に用いるということもある。

25年くらい以前の話だが、曲先で作った新曲の歌詞が、まだ未完成のままライブで演奏することになった。デビュー前はよくあることだった。とりあえずサビの部分は「GO WEST」と歌った。いずれは西遊記のような内容の詞にしようと思っていたのかもしれない。

ところがライブが終わってしばらくするとお客さんからこの曲についての感想を書いた手紙が来た。

「あの『キノコパワー』ってサビで歌う新曲いいですね」と、書かれてあった。

一体、何をどうしたら「GO WEST」を「キノコパワー」と聴き間違えるものなのか。「空耳アワー」も裸足で逃げ出すほどのナゾであると思うものの、キノコパワーか……うん、そりゃ面白い！と思い拝借。以来25年くらい、空耳の詞で歌い続けている。

初出　「本の雑誌」二〇二一年四月号、六月号〜二〇二四年八月号
「WEB本の雑誌」二〇二四年八月二十三日
「HOT STUFF」二〇一四年

大槻ケンヂ（おおつき・けんぢ）

1966年2月6日生まれ。

1988年「筋肉少女帯」でメジャーデビュー。

1999年「筋肉少女帯」を脱退後、「特撮」を結成。

2006年「筋肉少女帯」再始動。「特撮」を含め現在も活動中。

さらに、「オケミス」、「大槻ケンヂと絶望少女達」他、多数のユニットと弾き語りでもLIVE活動を行っている。

バンド活動と共に、エッセイ、作詞、テレビ、ラジオ、映画等多方面で活躍中。

小説では「くるぐる使い」「のの子の復讐ジグジグ」で 2年連続「星雲賞」を受賞。

『今のことしか書かないで』等著作多数。

そして奇妙な読書だけが残った

二〇二五年二月十四日　初版第一刷発行

著　者　大槻ケンヂ
発行人　浜本　茂
印　刷　中央精版印刷株式会社
発行所　株式会社 本の雑誌社
〒101-0051
東京都千代田区神田神保町一-三十七　友田三和ビル五F
電話　03（3295）1071
振替　00150-3-50378

定価はカバーに表示してあります
ISBN978-4-86011-499-2　C0095